体育科授業サポートBOOKS

子どもに任せる体育授業

齊藤慎一 著

明治図書

はじめに

　本書は体育の本でありながら，各運動の技術ポイントはほとんど書かれていません。代わりに体育における子ども主体の学びを成立させるための視点が書かれている，まったくの新しい本です。子ども主体の学びを実現させたいと多くの教師が望みますが，それは「こうすればよい」という方法論ではなく，目の前の子どもの実態に応じて，その都度，教師が判断するしか道は開けません。だからこそ，子どもの何を見て，何を根拠に判断するのかを教師は学んでおく必要があります。本書はその一助となる本です。

　最近は多くの研究と実践の蓄積によって，ある程度，子ども主体の学びのイメージが見えつつあります。「子どもが自分で問いをもち，その子の学び方で学ぶ」，大まかではありますが，このような姿を皆さんおもちでしょう。しかし，イメージはできても，まだまだ実現は難しいと感じている教師も多くいます。それは，下記の3点が大きな壁になっているからです。

　1つ目は「子どもにどこまで任せるのか」「任せるために教師はどこまで，どんなふうに環境を整えるのか（条件を整えるか）」という問題です。環境設定については，教科特性によっても異なるし，単元（体育では種目）にもよるところが大きいです。その教科（もっと言えば教師の力量）によってどこまで思考の枠組みを設定するか，何によって課題を焦点化させるのかが異なります。本書は体育ですので，教材選択とルール，場の設定が非常に重要であると考えています。このような環境設定について本書はかなり深いところまで追究した内容になっています。この環境設定は他教科においても今，まさに研究されているところであり，その蓄積が期待されるところです。

　2つ目は教師の役割の問題です。子ども主体の学びの場合，教師は「教え

る」ではなく「支援する」ことが主な役割となります。しかし，この支援もマニュアル的な対策では上手くいきません。「こういう教材をもってきて，こういう発問をして，子どもがこのような反応をしたら……」といったハウツーは，現場に立てばその通りにいかないことにすぐに気付かされます（後述しますが，私は決してハウツー本を否定しているわけではありません。むしろ，本書とセットになってさらに威力を発揮すると考えています）。

　「じゃあ，どうしろと言うのですか？」という声が上がってきそうですが，私は「その教師が目の前の子どもをよく見て，考え，柔軟に対応するしかない」と思っています。子どもが自分の力で学ぶ姿をイメージしつつ，目の前の子どもたちの状況を見取ります。すると，そこには教師のイメージしていたことと，実際の子どもとの間に「ズレ」が生じていることに気付きます。「あれ!?　自分で問いをもつと思っていたのに，子どもは無関心だぞ」といった具合です。そこで，そのズレを解消するために，次なる一手を考えるわけです。しかし，「考える」と一言で言っても，何をどのように考えればよいのかがわからないため，実際にはどうすることもできず，困っている教師が多くいます。そうしているうちに結局，教師主導で教え込む方向へ舵を切ってしまうのです。

　授業中，子どもを見取りながら，どうすればよいのか考えるためには，教師にとって考える拠り所，つまり視点が必要です。それらの視点を基にじっくり考えながら，具体的な手立てを打っていくわけです。本書はその視点を丁寧にまとめました。こうして初めて手立てに意味が生まれます。

　3つ目は「子ども主体の学びと学力との関連はどうなっているのか」という大きな問題です。教師である以上，全員がわかってできるようになることが責務であり，単に楽しく学んでいればよいわけではないといった声を多く聞きます。受験という現実があり，点数を取らせてあげたいという親心もあります。

　そこで，この「学力」をどのように捉えるのかを丁寧に解説します。その

中で，子どもが自ら学ぶ中で得られる汎用的スキル（学ぶ力）を高めることが，（一見，遠回りに見えるようでも）実は数値や目に見える「わかって，できる」の近道であることが理解されることと思います。

　本書は子ども主体の視点を，理論と実際の子どもの姿からまとめました（登場する名前は全て仮名です）。ですから，全ての領域には触れていません。しかし，本書に書いた視点は全ての領域に汎用できるものと自負しています。それと同時に手立てもセットで書いてあります。どのような流れで教師が何を考え，どうしてその手立てに至ったのか，一連の流れ（ストーリー）で捉えてもらいたいからです。ただし，実践をそのまま真似されても上手くいかないと思います。それは私が目の前の子どもとともに創った実践だからです。そうではなく，それらの実践から視点と手立てを感じ取ってもらいたいと願っています。そして，書かれている内容を自分事として咀嚼し，自分だったらどうするかを考えながら読んでもらいたいです。子ども主体の学びを成立させるためには子どもと教師，両者の主体性が必要なのです。

　私は公立小学校に勤務し，ずっと体育を研究してきました。また，最近では子ども中心の学びについての研究も進めています。ですから，現場の本音はよく理解していますし，様々なことが求められる現場にあって授業づくりだけに専念できない難しさも感じております。そこで，本書は「ありきたり」「きれいごと」をできるだけ排除し，本当に地に足の着いた話をしたいと思っています。そして，これまで多くの研究者や実践者から学ばせていただいた体育の知識を余すことなく盛り込みます。また，体育が専門でない方でも，若手の教師でも誰もが「この視点で授業を考えればいいんだな」と思えるような内容を心がけています。

　様々な新しい用語に溢れている現場において，いつの時代も変わることのない教育の本質，それは何か。本書の中に感じていただければ幸いです。

Contents

はじめに　003

第**3**章　子ども主体の授業デザイン
　　　　　—3年生・マット運動『ペアマット』—

第4章　低学年で実現する子ども主体の学び
―1年生・走の運動遊び『ぐねぐね走』―

第5章　子ども主体の学びを実現させる学級づくり
―年間を通した取り組み―

第6章 体育学習で考えるその子の"生き方"
―体育学習のその先にあるもの―

第7章 子どもが主役の運動会
―「子どもとともに創る」の裏側―

第1章

子ども主体の学びを支えるための心構え
― 「子どもが学ぶ」を教育活動の中心に据える ―

　子ども主体の授業づくりを考えるとき，まずは読者の方が自らの教育観を見つめ直すことから始めることをおすすめします。教育観とはイメージや信念とも言われていますが，それぞれの教師によって教育観は異なります。例えば，「素晴らしい授業」と聞いて，読者の方はどのようなイメージをもたれますか。

A　教師が効率的に指示を出し，流れるように授業が展開されている様子

B　教師からの指示はほとんどなく，子どもが自由に追究している様子

　Aをイメージする教師もいれば，Bをイメージする教師もいます。それは，その教師が受けてきた教育によるところが大きいです。一方，人間の言動の大部分はその人がイメージしている世界観や価値観に影響を受けていると言われています。教師行動もその教師がイメージしていることに大きく左右されます。つまり，行動を変えたければ，自分自身の教育観を見つめ直すことから始めなければならないのです。

　そこで，授業づくりの根底にある教育観の話を先に話してから，その後，どうやってそれらの観を具現化するのかという順序で話を進めます。

子どもの「自ら育つ力」を信じる

Point

- ●子どもを能動的な学習者として見る
- ●その子の成長をじっくり待つ

子どもを能動的な学習者として見る

　子どもはその心の内に「もっと伸びたい」「よくなりたい」「知りたい」という気持ちをもっています。こうした子どもの自ら育つ力を信じることから教育は始まります（平野2017）。

　例えば，小学校低学年の子に「この計算のやり方を教えようか？」と聞くと，「いや，まず自分でやってみたい」という返事が返ってきたりします。大人の力を借りずに自分でやってみたいという欲求の現れです。

　このような経験は読者の方にもあるかと思います。つまり，子どもというものは，自分の力で歩みを進めたいという欲求やその力をそもそももっており，大人が引っ張って育てようとしなくても，子どもは「自ら育つ」のです。「君たちのことを信じて任せるよ」と言われた子どもは目が輝き，水を得た魚のように夢中になって取り組みます。

　ところで，「主体性を育む」という言葉をよく聞きますが，この言葉はそもそも子どもには主体性がなく，後天的に身に付けさせる必要があるという考え方に立脚しています。果たして本当にそうでしょうか。先程の小学生の例でも挙げましたが，小さな子どもが（大人の意図せずに）自ら様々なことに挑戦しようとする姿は日常のいたるところで見られます。主体性は育てる

ものではなく,「発現する」ものです。発現とは,そもそももっているもの
が表に現れるという意味です。子どもはそもそも主体性をもち,自らを成長
させる力をその小さな体の内に秘めているのです。

　しかし,このような話だけでは通用しないのが現場です。周囲の大人が言
わなければ動こうとしない子どももいます。私はここには主体性を発現させ
る上で何らかの「阻害要因」があると考えています。子どもが興味をもたな
い教材であったり,これまでの失敗経験であったり,周囲の友達からの視線
だったりします。これらの阻害要因を取り除き,その子が本来もっている主
体性を発現させるという見方が求められています。

その子の成長をじっくり待つ

　最近「こうすれば主体的になる」という言葉をよく聞きますが,「この指
導法で」「この教材で」「この言葉で」子どもが全員主体的になるというのは
現実的ではありません。この子はこの教材に興味をもったが,あの子は全く
興味をもたないといったことは日常茶飯事です。「主体的にならなきゃだめ
だ」ではなく,「この教材は,この子にとっては興味が向かないのか。だと
したら,次はどんな教材を用意しようかな」と広い心で構えます。

　また,何か手立てを行ったからといって,すぐに主体的に動くかといえば,
それも難しいです。その子によって解釈する時間や考える時間は異なるので
すから,すぐに結果を求めるのではなく,その子がじっくりと考え,試し,
自らが納得するまで待つことが大切です。この「待つ」という行為が現代人
は苦手と言われています。行動したらすぐに結果を求めがちです。しかし,
子どもが学ぶというときに,そこには時差が必ず存在します。また,外から
見ると何もしていないように見えても,実はじっくりと教材に向き合い,考
えていたということも考えられます。じっくりとその子を見取ってみてくだ
さい。実はその子の内側で豊かな学びが行われているかもしれません。

はじめに子どもありき

Point

●教師の都合ありきの状態を認識する

●「教える」から「支援する」へ意識を変える

教師の都合ありきの状態を認識する

　これまで授業というと教師が知識を教えるというイメージが強くありました。または，子どもに調べさせ，話し合わせるというイメージです。後者は一見，よさそうに見えますが，何を調べるのか，話し合うグループは誰と誰で，時間は○分です，など教師のもつ方向性を押し付けていることが多く見られます（図1の上）。つまり，教師の都合ありきで授業は進むものでした。

　これは「教師は指示を出し，いかに子どもを効率的に動かすかが大事」

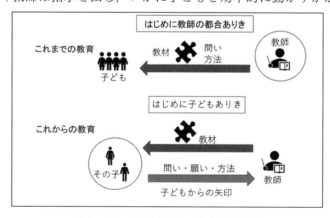

図1　これまでの教育とこれからの教育

「子どもは教え導いてあげないと動かない」といった教育観が根底にあります。

　これでは教師のやりたいことに子どもが“合わせてくれている”状態です。このような授業に慣れてしまった子どもは「進め方は先生が決めるのが当たり前だ」「先生の言う通りにしていれば全て上手くいく」「違う方法がいいんだけれど，怖くて言えないな」など受動的な態度になります。

「教える」から「支援する」へ意識を変える

　これに対して子ども主体の学びを追究し手応えを感じている教師は，「授業はその子が伸びようとする力が発現できるように支援すること」と考えています。なにか目標というものが先に存在し，そこに向けて今の子どもが存在しているのではなく，子どもの学びがまずは存在し，歩んだ結果として様々な力が付くわけです。そうなると，教育というものは常に子どもの事実に立ち返り，その子がどのように進みたいのかを知った上で，教師からはどういった支援が必要になるのかを考えることになります。このような「はじめに子どもありき」（平野2017）の理念が求められています。

　ただし，子どもが学ぶからといって闇雲に子どもに任せたのでは指導目標を達成することは難しいので，そこには環境（条件）づくりが必要になります。そして，学びが成立する環境を整えた上で子どもを見取り，必要があれば知識を教えたり，子ども同士をつなげたりといった“支援”を行います。

　図1の下をご覧ください。（体育では）教材こそ教師が提示しますが，そこで生まれる子どもの問いや願いを教師は把握し，それらを大切にした授業展開になります。もちろん方法も含めて，その子がどう学ぶのかが尊重されるわけですから，授業は必然的に子どもとともに創るものとなります。そして，課題を明確にしたり，思考の拠り所となるものを用意したりと，その子が学ぶ過程で必要なこと（もの）を教師は支援するわけです。

子どもと教師の役割の違い

Point

- ●子どもも教師も主体的に動く
- ●子どもと教師の役割の違いを理解する

子どもも教師も主体的に動く

子ども主体の学びと聞いてよく見かける光景が「子どもが主体なのだから教師はあまり出てこない方がよい」という考え方です。これは子どもと教師の役割を混同している発言です。教師と子どもは同じ役割であり，それを取り合っている状況をイメージされているのでしょう。つまり，子どもが多くの役割を果たそうと出て，教師はあまり出てこないことが子ども主体と考えているのだと思います。逆に教師が多くの役割を果たそうとすると，その分，子どもは出てこられないので教師主導になるという考え方です（図2）。

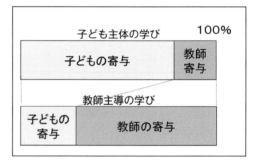

図2

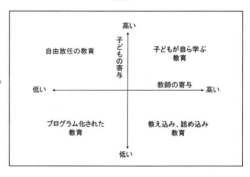

図3　※平野（1988）を参考に筆者が作成

これに対して，私が考えている子ども主体の学びは図3のイメージです。先程の図が一軸だったのに対して，二軸で考えています。二軸なのですから子どもも教師もどちらもその役割を果たそうと大いに出てきて構わないということです。子どもと教師，両者がともに十分に役割を果たそうとするとき，右上の「子どもが自ら学ぶ教育」になります。

子どもと教師の役割の違いを理解する

　この二軸は子どもと教師の役割が異なっているからこそ成立します。では，肝心の子どもと教師の役割は何かという話です。表1をご覧ください。子どもの役割は問いを抱いたり，課題を把握したり，そのための追究の方法を選択したりすることです。つまり，その子が興味・関心を抱き，学びを進めようとしたとき，必要となる項目を決めることが子どもの役割というわけです。

　一方，教師の役割は教材を決定する，子どもを見取る，軌道修正をするなど，その教材の価値を理解し，教材研究によって見通しをもてる教師だからこその役割になります。それぞれの役割の具体については，このあと具体例を挙げながら各章にて説明します。

表1　子どもと教師の役割の違い

教師の役割	子どもの役割
①教材を決める	①問い（課題）を決める
②子どもを見取る	②学び方を選択・決定する
③軌道修正／新しい視点の提示	
④学び方への振り返りを促す	

常に子どもの事実に立ち返る

Point

● 教材・ルール・場に着目する
● 子どもの事実から教材・ルール・場を決定する

教材・ルール・場に着目する

　子どもが自分の願い（問い）を見出し，それを自分なりの方法で追究するにはそれが可能になるだけの環境設定が必要です。この環境設定とは体育の場合，教材・ルール・場の設定です。これらによって，どこに目を向けてほしいのか，どんなことを考えてほしいのか，どのように探究してほしいのか方向性が決まってきます。しかし，「いや，そんなことを言われても，何から手を付ければいいのか，わかりません」という声が出てくると思います。そこで，私が大切にしている教材・ルール・場の決定条件をご紹介します。

　・子どもがやってみたいと思えるか（子どもにとって魅力的なものか）
　・子どもと教師の願いが実現できるか
　・子どもから問い（課題）が出てくるか
　　（問い〔課題〕が明確になるルール，場になっているか）

子どもの事実から教材・ルール・場を決定する

　教材を決定するとき，私は子どもの様子や実態をじっくりと振り返ることから始めています。

「休み時間を見ていると，一部の友達とのつながりしかもてていないな。じゃあ，これまで関わってこなかった人と協働できるゲームにしよう」
　　↓
「無理やり子ども同士を一緒にしても難しいな。夢中になるうちに気付いたら協働している状況になるといいな。そうだ，少ない人数にして互いの関わりが生まれる場面が多く出るようにしよう」
　　↓
「複雑な技術やルールになると，そっちに意識が向いてしまう。だとしたら，できるだけシンプルなルールで，今もっている力でできるゲームにしよう」

といった具合です。体育はその教科特性より，子どもの事実に合わせて教材やルール，場を決めてよいという自由が保障されています。年間指導計画に書いてあるから，それをそのまま実施するのではなく，子どもの事実から教師が考える必要があるのです。そして，この仕事は日常的に深く子どもと関わっている担任でないとできません。

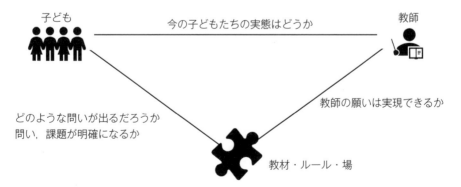

子ども　　　　　今の子どもたちの実態はどうか　　　　　教師

教師の願いは実現できるか

どのような問いが出るだろうか
問い，課題が明確になるか

教材・ルール・場

自ら歩みを進めるために

　子どもが自ら学ぶということは，自身の課題を把握し，自分が今どこに位置しているのかを知らなければなりません。そして，目標（願い）は何か，そこにはどうやったら辿り着けるのか，方法を含めた見通しが必要です。

　さらに，その子の立ち位置を客観的に伝え助けるのが教師含む他者からの評価です。「今，このあたりにいるよ」という客観的評価とその子自身の「私はここまでできているな」という自己評価を包括的に判断しながら，その子が自身のロードマップを一人で歩けるようにします。これが個別最適な学びと言われているものです。

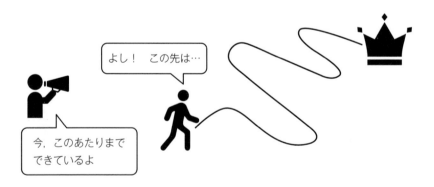

よし！　この先は…

今，このあたりまで
できているよ

　このように考えると，振り返りで書く内容も「今自分はどこにいるのか」「この先，どのように進んでいくか」となります（もちろん，子どもの実態によって言葉は変える必要があります）。

欲求充足と必要充足

　現実的に全ての教材が子どもにとって興味・関心のあるものとは限りません。中には，「これはちょっとやりたくないな」と子どもが思う教材ももちろんあります。私は子どもがやりたいと感じられる教材を「欲求充足」と呼んでいます。一方，やりたいかどうかは別にして，教師が必要だからやらなければならない教材を「必要充足」と呼んでいます。欲求充足の教材は子どもがやりたいわけですから，非常にわかりやすい話です。問題は，必要充足の教材をどのように捉えるのかという話です。

　必要充足から入ったとしても，ずっと必要充足のままであるということはなく，学ぶ中で欲求充足になっていくと考えています。もしくは，欲求充足になるような環境づくりや仕掛け（次章より詳細を述べます）が求められます。子どもはその教材の魅力に触れたとき，さらに追究しようと考えます。その教材の魅力をいかに子どもに感じさせるかが教師の腕の見せ所です。

（例）体力を高める運動

マラソンを行います

きついからやりたくないなあ…

タイムの競争ではなく，一定のペースで走れるか試してみよう

あれ？　後半になるとタイムが遅くなるな。どうやったら一定に走れるかな

体育の目的（役割）

●日常的に運動を楽しむためにどうするかを考える
●体育の目的（役割）を広く解釈する

日常的に運動を楽しむためにどうするかを考える

　学習指導要領には体育科の目標について「生涯にわたって心身の健康を保持増進し豊かなスポーツライフを実現するための資質・能力の育成」と書かれています。この生涯とは現在も含んでいます。目の前の子どもたちが休み時間や放課後に積極的に体を動かすことも目的にしているのです。

　では，そのような子になるにはどうすればよいかというと，「見方・考え方を働かせ，課題を見付け，解決する」ということです。なんとなく理解できるのですが，課題を見付け解決することが生涯スポーツにどのようにつながるのかという，もう一歩踏み込んだ理解が必要です。マット運動において，自分の課題がわかり，解決してできるようになったことが，休み時間に体を動かすことにどのようにつながっているのかという話です。

　「その技ができるようになることで運動の楽しさが感じられ，それが生涯スポーツにつながっている」という考えをよく聞きます。この意見に対しては「では，技ができない子は楽しさが感じられず，生涯スポーツにはつながっていないのか」という疑問が出てきます。また「友達と一緒に解決を目指す中で協働の楽しさを知り，それが日常化につながっている」という意見もあります。確かにそれは一理あるでしょう。友達と一緒に活動することは子

どもにとって大変楽しいことです。しかし，「そうだとしたら，みんなで一緒に活動する学級活動の時間でよいのではないか」という疑問が生まれます。体育だからこそ学べることがあり，それが日常化につながっているのです。では一体それは何かという話です。

　体育はその運動ができるようになるという方向に向かって課題を見付け，解決しますが，その過程の中で子どもが学んでいることは，その動きができるかどうかだけではありません。それ以外にも「友達と協力することで解決しやすくなるなあ」「努力するって気持ちがいいかも」「みんなで解決することで一体感が生まれる」「こんな体の感覚も味わえるんだ」という見方・考え方を学んでいるのです。

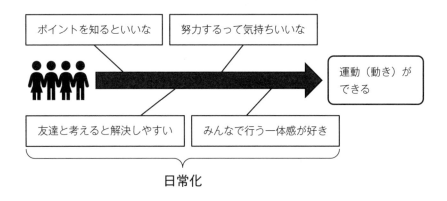

体育の目的（役割）を広く解釈する

　体育はどうしてもできることばかりに目が向きがちです。しかし，大きな目的が運動の日常化であれば「できる→日常化」の子だけではありません。「みんなと行う→日常化」の子もいれば，「色々な（特殊な）動きをすること→日常化」になっている子もいるのです。日常化を点で捉え，「できる」の

みに絞る（図4）のではなく，日常化を線で捉えたとき，そこには様々な「僕なりの運動の楽しみ方」があってよく，それがゴールになっているのです（図5）。

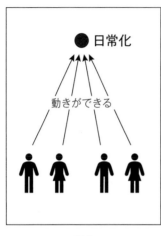

図4

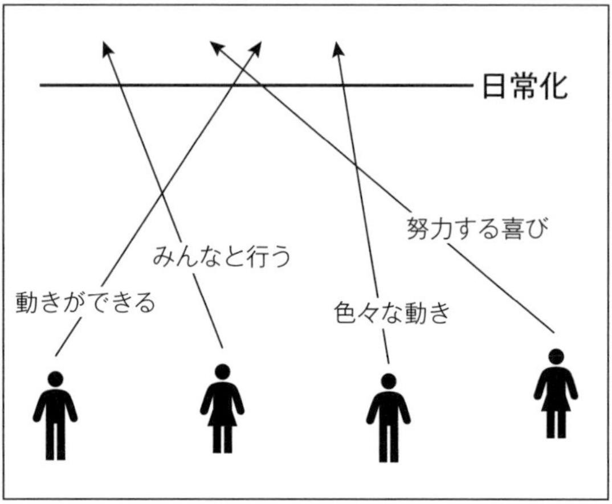

図5
※石井英真・河田祥司（2022）を参考に筆者が加除修正した

　昨今，運動をしない子が増えてきたと言われています。だからといって安易に「体育では楽しく活動させていればよい」と考えてしまうのは違います。運動を成立させている技術やできるようになるポイント，協働的に取り組むよさ……，こういった見方・考え方に子どもが触れることで，結果としてその運動の楽しさを感じられ，それらが日常化につながるのです。

　楽しさは体育の直接的な目標にはなりません。「技能向上への手応えによって楽しさを感じられる」「友達との協働によって楽しさを感じられる」「様々な動きを経験することで楽しさを感じられる」など，〇〇する（した）結果として運動の楽しさを感じられるのです。

第2章

子ども主体の授業づくりロードマップ

―5年生・ボール運動　ゴール型『ハーフバスケ』―

　　ここからは子ども主体の体育学習の授業づくりにあたって，実際の授業の様子を基に具体的な話をしたいと思います。先に漫画で全体像を提示します。その後，実際の授業の様子を物語にして語ります。物語は途中，切れ目のよい所で切り，その都度，理論（そのような行動に至った根拠）をまとめます。実践と理論を往還させることで，読者の方に体育における子ども主体の授業づくりの視点が具体的に伝わることを期待しています。また，先述した教師と子どもの役割の違いについても触れながら話をしたいと思います。

　　また，本章では，単元目標の設定や教材・ルールの設定をとても丁寧に解説しています。それは，「種目，ルールなどを教師（子ども）が選択できる」という体育科の特性があり，選択するには根拠（どんな力を高めたいのか）が求められるからです。その根拠を子どもの事実からどのように設定しているのかを知ってもらうために丁寧にまとめました。

　　最初はちょっと堅苦しい話もありますが，お付き合いください。

子どもの事実から高めたい力を考える

ゴール型でも、自分で課題解決できる力を高めよう

この前のネット型ではやりたいことだけやっていたな…

ふむふむ

いくよー！

ここはね…

でも、他教科では学び合いはできる

次はゴール型か 子どもたちにはどんな力をつけてほしいかな？

でもきっとマークされて打てない

どうしよう…

とめるぞ！

投げられない…

子どもはどんな課題をもつか考える

子どもがやりたいことは…

やった！ゴール！

わぁ

たくさんシュートして得点を取りたいだろうな

そうなると…

① フリーでシュートが打てる
② パスを通す
③ シュート・パスの技能を高める

このあたりが課題に感じるだろう

たとえ打てても…

あ

コントロールが難しい…

教材・ルールを決める

人が少ない方が動きが見えやすいよね

でもドリブルはダメ。パスに専念させたいから…さらに攻撃だけにしたらどうかな？

今は攻撃だな

今は守り！

パスを通してシュートを打つことに集中したいんだから…

バスケットボールがいいな！手で扱えるし、自由に動ける！

子どもとともに授業を創る

-1時間目-

ハーフバスケをやってみよう！

こっちこっち！

よし！

コートも半分にすれば、シュート場面だけになる！

名前はハーフバスケ！

実際やってみて難しかった？

うん、相手がジャマしてくるから、シュートが打てなかった

それにコントロールがうまくできない…

-2時間目-

どんなことができるようになりたい？

シュートをたくさん打ちたい！

得点を入れてみたい！

子どもから出ないことでも教師が必要と思うことは計画に入れる

パスがどうやったら通るか先生が教える時間も入れたいな

① ためしのゲーム
② 課題を知る
③ スペース
④ タイミング

それだったら3・4時間目の最初に教えてもらって…

じゃあそれを頭に入れながら、どんなふうに単元を進めようか？

ちなみに…全部で8時間だよ

3・4時間目でパスの練習をして…

学び方を教える

注目する視点を教える

スペースとは…
タイミングとは…

なるほど！

パスが成立するには、この2つが大切で…

よーし！じゃあパスをもらう練習をしよう！

やろう！

やるぞ！

いや、これだと漠然とした練習になってしまうな…

作戦を立て、うまくいったかどうかの原因に着目させる

作戦を立ててみよう

こうやって動くと…

練習方法を教える

2対1で1人は歩いて守るといいよ。こうすれば動きが確認しやすいよね！

子どもを見取り、共同探究する

うまくいっても、
うまくいかなくても
原因があるはず

原因は何か
スペース、タイミング、
ボールコントロールの
中から考えてみて！

-ゲーム終了時-

作戦はやってみた？

やってみた！

うまくいった？

いや、全然できてない

うーん、
そうかなぁ

作戦がうまくいか
ないのは、スペー
スに動けてないか
らだよ

課題が見えてないんだな…

この表を見るとさ、
シュートを打てるところ
でフリーでもらえている
けれど、シュートが入っ
てない…

じゃあシュート
練習が必要だね！

動きが遅いから、相手
がついてきてしまって
いるんじゃないかな？

そうかあ、じゃあまずは
早い動きをやってみるか

実際のゲームは
どうなのだろう？

出せない

スペースには動けているけれど、
相手をふり切れてないな

子どもの事実から単元目標を決める

　小学5年生を担任したときのことです。2学期にネット型「キャッチバレー」を実践しました。ここでは「自分たちのチームの課題を把握し，解決する力」を高めたいと考えて実践しました。実際は，ゲームに夢中になるのはよいのですが，何が自分たちの課題なのかがはっきりせず，その結果，練習でもどのような練習が必要なのか曖昧なまま進んでいる状況でした。トスしてアタックの練習を行っているのですが，本当にそれが必要なのか，ただやりたいことをやっているだけなのではないかと感じていました。私は思うような手応えが得られず悔しい思いが残りました。

　また，ボール運動が得意な男子は男子だけでトスしてアタックという練習を行っていました。女子はというと仲良しの子と一緒にパス・キャッチの練習をしている様子でした。課題が自分事ではなく，練習の必要性を感じていない（そもそもどのような練習をすればよいのかもわからない）ために，ただ思いついたことを好きな人と行っているだけでした。しかし，本当に悔しかったのは他の教科や体育の他領域では子どもたちは自ら問いをもっては自分なりの方法で解決を進めようと真剣になれるのに，今回のネット型ではそれが生かされなかったということです。普段は解決の過程の中で必要であれば男女関係なく話し合いがいたるところで行われていました。子どもたちは主体的に課題解決する力をもち合わせているにもかかわらず，ボール運動領域では，教師である私がその力を引き出すだけの環境設定ができていないために，その力は表に現れることなく眠ったままの状態になっていたのです。

　そこで，3学期，もう一度，リベンジすることにしました。子どもたちに身に付けさせたい重点目標はもちろん「ゴール型においても自分たちで課題を把握し，解決する力」です（以下の表を参照）。そのために，どのような

種目（教材）を選択するか，私は悩み始めました。

本単元（ボール運動）の目標

【知識・技能】

・ボール操作（パス・キャッチ）ができる

・戦術行動（ボールを持たないときの動きによって，フリーでパスを受
　けることができる）

【思考力・判断力・表現力等】

　チーム（個人）の課題を把握し，解決方法を考えることができる

【学びに向かう力・人間性等】

　自ら問いをもち，自己決定しながら追究し続けることができる

　もちろん，学年の先生方とも方向性を合わせなければなりませんので，以
上のような話を学年会で話しました。すると，他の先生方も同じように課題
解決に難しさを感じているとのことでした。そこで実践をして，その様子を
交流しながら軌道修正していこうと話しました。もし，他の先生が（子ども
の様子によって）違う目標を立てたいと言うのであれば，それは尊重したで
しょう。教材は合わせますが，クラスによって，目の前の子どもによって重
点目標は異なるのが普通だからです。

　実践が始まると一週間に一度，各クラスの体育の様子を学年会で共有しま
した。クラスによっては勝敗を受け入れられない子に課題を感じていたので，
そのクラスは子ども同士のスポーツ観（スポーツの見方）の違いを受け入れ
ることを重点に置くことにしました。それぞれスポーツに何を求めているの
かを話し合う時間を朝の会などを使って十分に取り，その上で課題（技術）
を媒介にしながら，チーム内でスポーツ観の違いを乗り越えたいと考えてい
ました。

　もちろん，目標は最初に立てたからずっとそのままではなく，子どもの反
応と年間カリキュラムを総合的に把握し，修正しながら進めています。

子どもの事実を把握する

Point

●目の前の子どもたちの現状を分析する
●長期的な視野で子どもの成長を見る

目の前の子どもたちの現状を分析する

　学びの主役は子どもですから，目の前の子どもたちにとって，今，どのような力を身に付ける必要があるのかを考えなければなりません。学習指導要領に書かれているからといって盲目的に引用したのでは，それは教師の都合ありきです。もちろん教師として「こうなってほしい」という到達目標はありますが，それでさえも，目の前の子どもの置かれている事実との関係で考えなければ，絵に描いた餅になってしまいます。

　子どもに力を付けさせるために教材があるわけです。決して教材「を」教えているのではなく，教材「で」教えているのです。このように授業づくりは常に子どもの事実に立ち返り，目の前の子どもにとって今，何が必要なのかを見取ることから始まります。

　本実践で私は子どもたちの様子を見て「課題解決の力はあるが，それがボール運動領域においては生かされていない」という事実に直面しました。また，その力が発揮されていない原因はゲームという情報量の多い中にあって，見る視点が絞り込まれておらず，それにより課題が曖昧になるという因果関係にあると考えました。決して原因が子どもにあるのではなく，そのような環境設定ができなかった私自身にあると痛感しました。

そうやって常に子どもの事実から，子どもとともに授業を創ろうとする教師は悩みます。目の前の子どもが何を望み，何が必要なのか，常に子どもを見取り，そこから判断しようとするのですから当然です。一方，子どもの事実に立ち返ろうとしない教師は悩みません。なぜなら，教師の都合で何をどのように行うのか決まるわけですから悩む必要はないわけです。このように考えると，悩むということは決して悪いことではなく，その教師が子どもの姿から次の一手を考えようとしている証拠です。

　大切なことは，子どもの実態（願いや考えていること，興味のあること）と学習指導要領の内容を総合的に見ながら，どのような力を重点的に高めたいのかを具体的かつ明確にもつことです。そうなると，指導案に書く単元目標は学習指導要領に書かれている文言とは異なってくることもあります。

長期的な視野で子どもの成長を見る

　このように見ると「子どもが学ぶ」ということは，「その時間」といった点で捉えるのではなく，「単元全体」という線で捉える必要があると感じます。もちろん，一つ一つの授業で達成すべきことはありますが，もっと長期的，包括的にその子の成長を見る必要があると思います。すぐに結果を求めるのではなく「単元全体を通して，この子は自分から動けるようになってきたな」と，子どもが育つ過程をじっくり待ってあげてください。

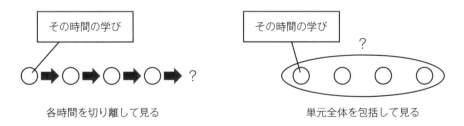

各時間を切り離して見る　　　　　　　　単元全体を包括して見る

学力観を転換する

Point

●教科特有の知識・技能と汎用的スキルを意識する
●2つの関係性を意識しながら単元目標を決める

教科特有の知識・技能と汎用的スキルを意識する

　体育に限りませんが，学力には「教科特有の知識・技能」と教科を横断する「汎用的スキル」が存在します（図6）。教科特有の知識・技能とはその教科でしか高められない力のことです。本単元（ゴール型）では「ボール操作技能やボールを持たないときの動き（以下，戦術行動と明記)」のことです。これに対して，汎用的スキルとは，全ての教科（教育活動）に通じる資質・能力のことです。例えば課題解決する力，協働性など多岐にわたります。本書のテーマである主体性もここに当てはまります。もちろん，汎用的スキルは教科特性によって高めやすいものが異なると思っています。体育は「友達との協力（協働性)」を高めやすい教科です。

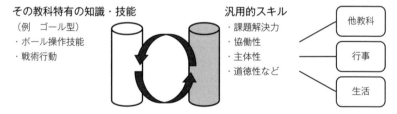

図6　その教科特有の知識・技能と汎用的スキル

このように考えると，体育の学習場面のみで主体性を求めることはかなり難しく，各教科や行事などを通して高めている（きた）汎用的スキルを体育で生かす，逆に体育で高めた協働性を他教科に生かす，というように，教科をつないで考える必要があるわけです。

２つの関係性を意識しながら単元目標を決める

もちろん，体育特有の知識・技能（ボール操作技能，戦術行動）を直接的に高めることも考えられますが，大事なことは「どうやってできるようになったのか」です。単にその動きができるように繰り返し練習するだけではトレーニングであり，体育ではありません。「どうやってできるようになったのか」「獲得した知識・技能をいかに実践で活用するか」が重要です。本実践では「課題を把握して追究する力」を高めることで，その力を用いて「ボール操作技能」「戦術行動」を高めることをねらっています。つまり，汎用的スキルを高めることで，結果的に知識・技能を獲得するという流れです。

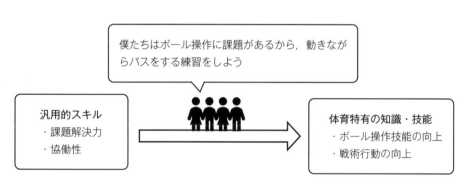

大事なことは教科特有の知識・技能と汎用的スキルの関係性を常に意識し，両者を同時に働かせることです。また，汎用的スキルを高めることは一見，遠回りのように感じますが，実は結果としての教科特有の知識・技能の飛躍的な向上が期待できます。

身に付けてほしい力に応じて教材やルールを選ぶ

　2学期が終わり，冬休みになりました。私は「ゲームにおいて，子どもが自らチーム（個人）の課題を把握し，解決のために探究する力」を高めるために，どうすればよいかゆっくり家で考えていました。3学期はゴール型を行うというカリキュラムが学校で組まれているため，ゴール型の種目の中から選ぶしかありません。また，3学期の後半は卒業式練習が始まるため，体育館が使えなくなります。こうした校内事情も加味しながら考えます。

　考える中で，子どもが「この部分が上手くいかない」と感じるためには，「課題が見えやすいこと」が大切であると考えました。しかし，この課題という言葉がやっかいでした。実際に子どもが抱く課題はどのようなものか，いまいちよく理解できなかったのです。2学期のネット型が思うような手応えを感じられなかったのも，私自身，この課題の認識が曖昧だったのだと痛感しました。そこで，ゴール型ゲームの課題を

　①ボール操作技術
　②戦術行動：時間と空間の関係

と捉えました。そして，この課題を見えやすくするためには，やることをできるだけ単純にする必要があることに気付きました。そこで，バスケットボールに着目しました。

　なぜバスケットボールを選択したのかというと，バスケットボールは手でボールを操作します。手でボールを投げる／キャッチするという動きは子どもたちも十分に慣れていると感じていました。手でボールを操作できるので，余計なところに意識を向けなくて済みます。また，タグラグビーなどの陣取り型よりもパスの自由度が高いことやゴールにボールを入れるという単純で

あることも大きな要因でした。「それならハンドボールでもよいのではないか」という意見もあるかと思いますが，ハンドボールだと，ゴールエリアに侵入してはいけないので，ゴールエリアのライン付近のスペースの取り合いになると予測されます。難しい話になってしまうのですが，そうなると，動ける範囲が限定されてしまい「動きづらさ」が出てしまうのではないかと考えました。バスケットボールの特性はパスや動ける範囲が限定されておらず自由度が高いことが大きいです。

　しかし，これだけではまだやるべきこと，考えるべきことが多すぎると感じていました。そこで，バスケットボールのルールを変更することにしました（表2）。まずプレーする人数は3人vs2人としました。これも人数が多いと動き（作戦）が複雑になるという理由からです。また人数が多いと「考えない子」がどうしても出てしまいますので，私は3人，多くても4人でゲームを行っています。また，アウトナンバーにすることで，必ず一人がフリーになれる状況をルールでつくり出しました。フリーの子がいることでパスが通りやすくなります。ただ，いつまでアウトナンバーで進めるのか，いつイーブンナンバーに変えるのかは子どもたちの様子を見ながら判断しようと考えていました。

表2　ハーフバスケのルール

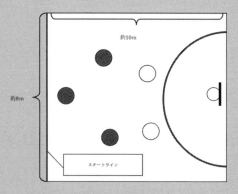

【ハーフバスケのルール】
・3人vs2人
・攻撃時間は3分間
　（その時間，ずっと攻撃する）
・リングに入ったら1点
・ドリブルなし
・得点や相手にボールを捕られたら，スタートラインから始める
・ラインから出た場合はそこから始める

次に考えたのが攻撃と守備の時間を区切ることです。今は攻撃，今は守備といった具合です。ゴール型で攻守が入り交じる場合，難しいのは今，攻撃なのか守備なのかが不慣れな子にとってはわかりづらいということです。時間を区切ることで，攻撃／守備の判断要素が１つ減り，どちらかに専念できると考えました。

　さらに，ドリブルなしというルールにしました。ドリブルがあると，パスの受け手は「え！？　今パスが来るの？　ドリブルなの？」など，動き出しのタイミングが難しくなるのです。そこでドリブルという，ゲームを複雑にしている要素を取り除きました。これによって，子どもはパスを通す／受けることに意識を集中させることができます。

　最後に，ハーフコート（通常コートの半面）にしました，これはゴール型における局面を限定するためです。ゴール型の局面は
「ボールを相手コートまで運ぶ局面」
「相手をかわしてフリーになる局面」
「シュートを打つ局面」
に大別されます。これらの局面が全て存在すると，考えることが広がってしまうのです。子どもはシュートを打って得点を取りたいわけですから，シュートを打つ局面に特化します。しかし，ただフリーでシュートを打つだけでは学習になりませんので，相手がいて，その相手をかわしてフリーでシュートを打つ局面も残しました。

　また，ハーフコートにした理由はもう１つあります。それは「作戦実行のタイミングがはっきりしていること」です。学習が進むと子どもたちはきっと作戦に着目すると考えていました。しかし，いくら作戦を考えたとしても，作戦にかいた通りの状況にならなければ，せっかく考えた動き方も使うことなく捨てられてしまいます（そして，作戦にかいた場面はめったに現れない

のが現実です）。多くのゲーム学習で作戦を立てたもののその有効性を（教師も子どもも）あまり感じられないのは，常に流れている状況の中で，いつ作戦実行なのか，そのタイミングがわからないことに原因があります。今回はハーフコートによって「シュートを打つ局面」「相手をかわす局面」のみに思考が絞られ，なおかつ常に最初のスタートラインから始まる（セットされる）のですから，スタートの瞬間が作戦実行のタイミングになるわけです。

このゲームの名前は「ハーフバスケ」と名付けました。大きな方向性が決まったので，掲示板（段ボールと模造紙）を作成します。私は体育の授業中，校庭でも体育館でも持ち運べる写真のようなボードを使います。そこには目標と単元や一単位時間の流れ（このあと，子どもたちと考えられるように空けておく）が書けるように枠を設定しておきます。また，学習を見通して作戦例や動き方のポイントが書けるようになっています。後述しますが，対戦カードや友達のよいところも書けるようになっています。

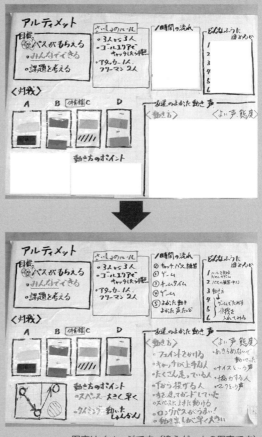

写真はイメージです（違うゲームの写真です）

子どもの願いと課題はどうやって生まれるのか

Point

- ●子どもが抱く課題を予測する
- ●課題は個人の課題に絞る

子どもが抱く課題を予測する

　子どもはその教材と出合い，教材そのものの仕組みを理解（咀嚼）したときに願いを抱きます。今回のゴール型であれば，ルールを理解し，「ボールをゴールに入れればいいんだな」「そのためにゴール下までパスで運べばいいんだな」とやるべきことがわかると，「たくさん得点を入れたい」「パスを上手くしたい」という願いを抱くようになります。

　ところが，願い，つまり理想をもって子どもはゲームに臨むのですが，現実は違います。相手に邪魔されてシュートが打てなかったり，パスをもらえなかったりするわけです。この理想と現実のギャップは，その子にとっての自分事としての問いを生みます。「どうやったら邪魔されずにシュートが打てるのだろう」「パスをもらえない。どうすればいいのだろう」といった具合です。この問いこそが，その子（チーム）が解決したい課題になるわけです。問いと課題は表裏一体の関係であり，「どうしてできないのか」がそのまま解決してみたい課題になります。

| この運動で
やりたいこと | → | 現実との
ギャップ | → | 課題 |

　大事なことは，課題は教師や他の人から与えられるのではなく，その子の理想（願い）と現実のギャップから生まれてくるということです。他者から与えられた課題はもしかしたらその子にとっての課題ではないかもしれません。教師はよかれと思って，授業の最初に「今日の課題は○○です」と伝えますが，その課題は一体，どこから出てきた課題なのでしょうか。もしかしたら，教師が事前に考えていた単元計画の中にある文言をそのままもってきてはいないでしょうか。子どもの実態と関係のない課題になっている場合，「何のために課題解決をしているのか」がわからず，子どもは盲目的に取り組むしかありません。そうではなく，その子にとっての願いと問いは何かを大切にしてあげることで，自分事としての問い（課題）をもつことができます。自分事としての問い（課題）を把握した子は「何のためにこの練習をしているのか」が明確になります。

課題は個人の課題に絞る

　また，よく「課題というのはチームの課題ですか。それとも個人の課題ですか」という質問を受けます。私は小学校の段階では個人の課題で十分だと思っています。チームの課題となるとかなり専門的な知識や見方が必要になり，それを全ての小学生に求めるのはかなり難しいと考えています。

　また，個人の課題を追究することは同時にチームの課題を追究することにもつながっています。「私はパスをもらうことができないから，スペースに向かって動く練習をしたい」と言う子は，友達と一緒に練習をすることでしょう。このとき，個の課題はいつの間にか二人のコンビネーションの話になっています。個か全体かという議論よりも，その子の課題が解決に向かっているかが大切と考えています。

課題解決のための視点（知識）

- ●何をしている運動なのか（子どもの願い）から視点を考察する
- ●課題解決するための視点（知識）を教材研究する

何をしている運動なのか（子どもの願い）から視点を考察する

　「邪魔されずにシュートを打つ」「パスがもらえるようになる」といった課題をもてたとしても，それだけだと漠然とした練習に陥ってしまいます。そのためには，課題解決のための視点（知識）が必要です。これをまずは教師がもっているかどうかが重要なのです。結論を先に申しますと，ゴール型ゲームの視点（知識）は以下の2点です。

①ボール操作技能　　②戦術行動：時間と空間の関係

　ボールをゴールに入れるためにはボールをできるだけゴール近くまで運ぶ必要があります。ドリブルでもよいですが，一人で全て運ぶのは現実的ではないので，パスをすることが多いと思います。パスを成立させるためには，相手がいないスペースに動くこと（空間），受け手が動いたタイミングでパスを出すこと（時間）といった戦術行動が必要です。それと同時にパス／キャッチする技能，そして，シュート技能も必要になってくるでしょう。

　このように考えると，ゴール型ゲームにおける視点（知識）は①ボール操作技能と②オフザボールの動き（戦術行動）になるわけです。こういった視点（知識）を教師と子どもがもっていることが必要です。

表3　各運動の視点例（齊藤案）

運動	視点
バスケットボール	・時間と空間の関係（スペースへの動き出しとパス出し） ・ボール操作技能
キャッチバレー （ネット型）	・時間と空間の関係（スペースの作り出し） ・ボール操作技能
短距離走	・足の回転数（ピッチ） ・歩幅（ストライド）
リレー	・走り出しのタイミング ・受け手と渡し手のスピードの関係
前転（マット）	・回転力を上げる ・つくり出された勢いを維持する
開脚跳び（跳び箱）	・重心移動 ・つくり出された勢いを維持する

課題解決するための視点（知識）を教材研究する

　体育の教材研究は実技研修が有効です。実際に動いてみることで子どもの課題意識がわかり，そのための視点も想像できます。私は職員室や廊下のちょっとした空間で簡単に動いてみたりして教材研究していました。

　また，課題解決の視点がよくわからない場合，それこそ体育の指導書に丁寧にまとめられていますので，参考にされてください。しかし，専門誌はポイントが多いので，その中から本当に必要な点を絞る必要があります。もしくは，体育を勉強している先生に聞くことや文部科学省が発信している動画も有効です。そして，課題解決の視点（知識）を学びつつ，それらを生かした単元構想を考えます。ただし，単元構想は細かく全て決めず，あとで子どもが考えられる余白を残しておきます。

子どもが自ら学べる環境（教材・ルール）を考える

Point

●見えづらくしている要因を教材やルールで取り除く

　子どもが自分で課題を把握し追究するためには，課題そのものがわかりやすい必要があります。しかし，子ども自身が自分の課題を把握することは非常に難しいです。なぜなら，子どもは自分の動きを客観的に見られないからです。もしくは，今回のゲームのように，外から見える情報量が数多くあるために，各人が見たいものを見てしまうからです。

　そこで，本実践では，見えづらくしている情報量をできるだけ取り除いて，本当に見たいもの（見せたいもの）に目を向けてほしいと考えました。

　体育では教材とルール，場の設定に着目し，やるべきことや考えるべきことをできるだけシンプルにします。具体的に本実践で話します（図7）。バスケットボールという自由度が高く手で扱える教材を用意しました。複雑なルールだとそれだけに縛られてしまうからです。そして，攻守の時間を区切る，ドリブルなし，ハーフコート，少人数，アウトナンバーなどルールを変えました。これらはプレーの選択肢を少なくすると同時に，それによって思考を絞ることができます（思考の焦点化）。もちろん，単元目標も常に頭に入れながら，それらが動きとして出てくるかどうかも加味しながら教材とルールを決定します。

　また，作戦実行のタイミングがわかりやすいように，常にセンターラインからのスタートにしました。ゲームを始めた瞬間が作戦開始のタイミングになるというわけです。

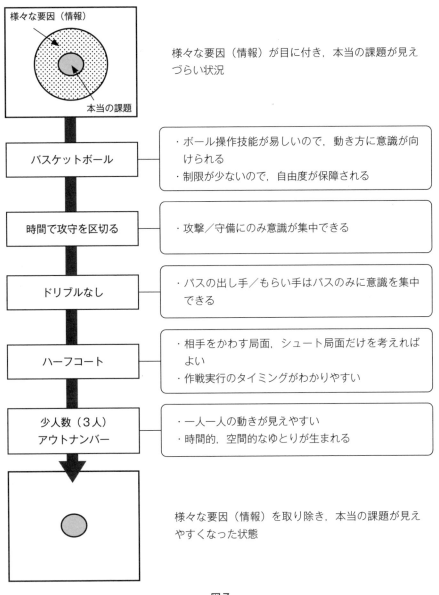

様々な要因（情報）が目に付き，本当の課題が見えづらい状況

バスケットボール

・ボール操作技能が易しいので，動き方に意識が向けられる
・制限が少ないので，自由度が保障される

時間で攻守を区切る

・攻撃／守備にのみ意識が集中できる

ドリブルなし

・パスの出し手／もらい手はパスのみに意識を集中できる

ハーフコート

・相手をかわす局面，シュート局面だけを考えればよい
・作戦実行のタイミングがわかりやすい

少人数（3人）
アウトナンバー

・一人一人の動きが見えやすい
・時間的，空間的なゆとりが生まれる

様々な要因（情報）を取り除き，本当の課題が見えやすくなった状態

図7

系統性とルールの関係

●条件を変えても同じように技能発揮できるかを問う

　中学年と高学年のゲームでは学ぶことにも系統性があり，その結果，ルールも変わってくるはずです。学習指導要領を読むと，中学年のボール操作にあった「基本的な」という言葉が高学年ではなくなり，「易しいゲーム」が「簡易化されたゲーム」になっていることを除けば，ボール操作技能と戦術行動という方向性は同じです。そうなると４年間，ずっと同じことを学ばせていればよいのでしょうか。

　基本的な方向性はボール操作技能と戦術行動なので同じですが，異なるのは，学年が上がるにつれて「より複雑な状況下でも，その動きができるか」が課題になる点です。この「より複雑」を可能にするのがルールです。具体的に今回のバスケットボールで話をします。今回はドリブルなし，３人対２人というアウトナンバーで行っています。これをさらに複雑化するとドリブルあり，３人対３人のイーブンナンバーとなるわけです。もしくは今回のようなハーフコートではなくオールコートで，攻守入り交じりにすることも考えられます。ルールを１つ工夫するだけで選択肢が増え（同時に情報量も増え）動き方が複雑になるのです。この複雑な条件の中でも同じように技能発揮ができるのか，できないとしたら，何が問題なのかが学習内容になります。

　条件が変わったことで実際のゲームにおいて何が変わったのかを丁寧に紐解き，そのためにどうするかを考えることが高学年の学習内容になります。

なぜ指導案に特性を書くのか

●その教材にした根拠を示すために特性を書く

　体育の指導案ではしばしば教材の特性を書きます。これは何のために書いているのでしょうか？　よくわからないけれど，そういう形式だからという理由で書いている教師も多いのではないでしょうか。

　特性を書く大きな理由は，その教材やルール（場）にした根拠を示すためです。これまでの話から，教材やルールは子どもの思考を焦点化させるために非常に重要な選択と述べてきました。そのように考えると「こういう特性のある教材を提示することで，（ねらっている）子どもの思考に方向付けられるのではないか」とその根拠を示す必要があるわけです。反対に「こういう力を付けさせたいから，このような教材やルール（環境設定）にした」と捉えることもできます。

　このように考えると，特性に書く内容は「その種目ならではのもの」になります。例えば今回のハーフバスケで言えば，「ハーフコートにしている」「攻守が時間で交代」「作戦実行のタイミングが掴みやすい」などになります。「手でボールを扱う」「得点を取ることが楽しい」なども書いてもよいのですが，それはバスケットボール（もっと言えば多くのゴール型種目）に共通することですので，「どうしてその教材，ルールにしたのか」という根拠にはなりません。その教材にした根拠を示す必要があるのです。

子どもとともに授業を創る

　3学期，子どもたちにハーフバスケを行うことを簡単に説明しました。すると早速チームを決めたいということだったので，様々な決め方を提示しました。その中でも今回はリーダーを選出し，リーダー間でメンバーを話し合って決める方法にしました。私が「リーダーにふさわしい人ってどんな人かな？」と聞くと，「みんなをまとめられる人」「諦めずに努力できる人」といった声が上がりました。こうして，リーダー像を浮かべた後でリーダーを選出します。もちろん，リーダー像に既に適している人も選びますが，これからそこに近づきたいという意欲のある人も選びます。決してボール運動が得意な子がリーダーではありません。

　さて，リーダーが決まると，休み時間にその子たちだけを集めて，さっそくリーダー会議です。「どんなチームがいいと思う？」と聞くと，「1つのチームだけが強すぎるっていうのは嫌だな」「どのチームも平等の強さにしたい」といった言葉が返ってきました。ゲームにおいては，勝つか負けるかがわからないスリルが面白いのであって，その平等性を確保したいという気持ちです。そこで「そうなると，ボール運動が得意な人，苦手な人を意識しながら選ばなければならない。だから，ここでどんな話し合いが行われていたかは絶対に他では口にしてはいけない。それは守れるかな？」と伝えました。リーダーとして選ばれている子どもたちですので，「当たり前だよ」と真剣にうなずいていました。そして，教師も入りながら，できるだけ平等になるようにチームを考えました。

　さて1時間目のことです。まずはルールを黒板で説明します。「え!?　半分のコートなの。しかも，ドリブルなしかぁ。嫌だな」「ふーん，攻撃と守りを交代で順番にやるってことね。それならわかりやすいかも」など，賛否

両論です。ここではまだ単元の目標や細かい指導計画のことは話題に出しませんでした。子どもの頭の中はきっとゲームのことでいっぱいだと思いましたし、なにより子どもはまずはゲームをしてみたいという気持ちが強いと感じたので、勉強の要素は少し置いておくことにしました。準備運動が終わると、もう一度、ルールを確認します。実際に2チームがコートに入り、具体的に動きながら、「ここからスタートするよ」「得点が入ったり、相手にボールを捕られたりしたらローテーションだよ」など、動きを止めながら全体で確認します。単元の初期の段階でルール理解が曖昧になっていると、その後の学習があやふやなまま進んでしまいます。子どもから出されるルール変更も含めて、単元初期にしっかりとルールは確定しておきたいものです。

　実際にゲームが始まると、子どもたちの反応は非常に好意的でした。しかし、バスケットボールを地域で習っている子は少し不満そうで、「ドリブルを入れたいのですが」「攻撃の時間をもっと長くしてほしい」という声を上げてくれました。「時間を長くすることは構わないよ。その代わり、時間をつくり出すために準備の時間を短くする必要があるね」「ドリブルについては申し訳ないけれど、譲れないところなんだ。ドリブルが入ると難しくなって全員が楽しめないと思うから」など、変えられるところはルールを変更しますが、教師として譲れないところは毅然と伝えます。

　ゲームになると、普段ボール運動に慣れていない子は、どこに動いてよいかわからず、ふらふらっとゴール前に来ては、そこで立ち止まっている様子が見受けられました。また、シュートチャンスなのにシュートを打たず、後方の味方にパスをする場面も見られました。一方、ゴール型に慣れている子はスペースに走り込み、パスをもらいシュートということが多く見られました。しかし、どの子も面白そうに取り組んでいるのが印象的でした。私は、今回はルールを理解することを第一の目標にしていたので、動きに関しての声がけはせず、主にルールについての声を出していました。

2時間目の最初に子どもに「この学習でどんなことができるようになりたい？」と尋ねました。すると「得点がたくさん取れるようになりたい」「シュートが上手になりたい」といった意見が多く出されました。それだけ子どもにとってゴールを決めるということは高い関心があるのでしょう。次に出てきたのは「友達と協力して点を取りたい」でした。協力するということも子どもにとっては大きな願いであることが読み取れました。

　ここまでの話を受けて「たくさん得点が取れるようになりたいんだね。今，得点は取れている？」と聞くと「いや，全然入らない」「そうか。じゃあ，どうして入らないのだろう？」「シュートそのものが上手くできていないから」「相手に邪魔されてシュートが打てない」という意見が出てきました。私は，「シュートを決めるためには，シュート技能を高めることと，フリー（その場で補足説明している）でシュートを打てるようになることが必要ということだね」と整理しました。次に私は，「ところで，シュートってどのあたりが入りやすいと思う？」と言って，コート図を書き，A，B，Cで選択させました。すると，「ゴールに近い方がよいからBかCだと思う」「私は正面よりも角度があるCの方がいいと思う」といった声が上がりました。子どもたちもゴールに近い方がシュートが入りやすいことは知っているのです。「じゃあ，このBやCの場所までボールが運べているかな？」「いや，遠くから打っている人が結構いる」「じゃあ，ここにボールを運ぶことも大切だね。今回はドリブルはないから，パスでここまで運ぶっていうことになるね」

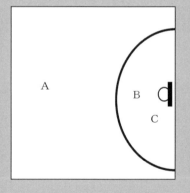

　ここまで話し合ったあとで「この学習は全部で8時間だよ。どんなふうに学習を進めていこうか？」と問いました。「とりあえず今回も含めて3時間くらいでシュート練習とフリーでボールをもらう練習をしたい」という声が

上がりました。そこに「先生はフリーでボールをもらうためのポイントを最初に話したい。3，4時間目の途中に入れたい」と伝えます。私は，子どもが最初に戦術行動（時間と空間の関係）の知識を得ることで，それを拠り所にしながら学びを進められるだろうと予測しました。子どもとともに創る授業では，教師は何も言ってはいけないと誤解されがちですが，教師として伝えるべきことはしっかりと伝え，それも踏まえて子どもと一緒になって考えることが大切です。

　また，作戦ですが，フリーでパスをもらうという子どもの願いと作戦は合致すると考えていたのですが，ここではあえて話題には出しませんでした。単元後半に出した方が子どもは必要感をもって作戦を取り入れると考えたからです。今，言っても「先生に言われたから作戦を立てる」になってしまうので，ここでは話題にしませんでした。こうして大まかな単元計画が創られました。もちろん，その都度，修正しながら単元は進んでいきます。

表4　子どもと考えた単元計画（2時間目の段階）

時	1	2	3	4	5～7	8
ねらい　内容	ルールの理解 ゲームを試す	単元計画を考える シュート空間を知る ゲームで試す	スペースへの動き出しを知る 練習方法を知る	タイミングについて知る	チームの課題を見付けて練習する	大会を行う

　お気付きのことかと思いますが，この段階で既に子どもの中で単元目標は把握できています。ボール操作技能の向上と戦術行動の向上の2点です。教師から「これが目標です」と言わなくても，子どもは教材と出合い，やりたいことが決まると，その方向に歩みを進めます。

チームを決める

- ●チームの決め方を子どもが選択する
- ●チームを決めるときに配慮すること

チームの決め方を子どもが選択する

　チームを決めるときにも子どもたちに決め方を選択させます。ここから既に自分たちでゲーム（学習）を創っているんだという意識をもたせたいからです。前ページで紹介したリーダーを先に決めてリーダー会議で話し合う方法以外にも下記のようなものが考えられます。

【チームの決め方とメリット／デメリット】

リーダーが決める

　○リーダー性の向上，子どもの主体性の発現が期待できる。

　▲クラスが育っていないとかえって関係がギクシャクする。

教師が決める

　○技能や人間関係を客観的に見ながら決めることができる。

　▲子どもにとっては受け身になってしまう。

クラス全員で話し合う

　○全員が参加しているという意識をもてる。

　▲時間がかかる。技能の低い子が目立つ。

チームの決め方まで子どもたちに委ねてしまうと，こちらの指導事項が学べないのではないかと不安に思う読者もいるかと思います。私はチームの決め方を選択させる前に，それぞれの決め方にメリットとデメリットがあることを伝えます。そして，体育の授業である以上，勝敗だけでなく協力や課題解決など様々な力を高めたいことを伝えます。つまり，選択することはその後の学習に責任をもつことであり，そのために根拠をもって選ぶようにしています。子どもに委ねるというと，自由に好き勝手進めてしまうのではないかと懸念する方もいますが，子どもは信じて任されれば，しっかりとした根拠と展望をもって選択します。

チームを決めるときに配慮すること

　クラス人数の関係上，チームの人数がバラバラになることがあります。その場合，私は意図的にその運動が苦手な子がいるチームを少ない人数にしています。人数が少ないということは，それだけボールに触れる機会が増えるからです。

　ただし，非常に得意な子ととても苦手な子というようにバランスを取ること，人数の多いチームはローテーションにすることで，チーム間の技能差に配慮します。人数が少ないからこそ，練習中はたくさんボールに触わることができ，単元が進むにつれて活躍する場面も見られるようになります。

　また，チームを変えてほしいという要求を受けることもありますが，本当に大きな要因がなければ基本的には変更しません。上手くいかないところから，どうチームを育てるのかを期待しているわけですから，変更ではなく改善方法を検討します。

　ここは教師が譲れない場面です。もし安易に譲ってしまったら「上手くいかないことがあったら先生に言えばよい」という間違った学習をさせてしまいます。困難に出合ったときに踏みとどまって道を切り開く子になってほしいと思い，（一緒に悩みはしますが）簡単にはチームは変えません。

子どもとともに創る

Point

●単元の流れを子どもとともに創る
●見通しをもちながら，話し合いに参加する
●ルール変更で，譲れない部分をもっておく

単元の流れを子どもとともに創る

　よく教師だけが単元全体の見通しをもち，子どもはその時間のことしかわからない，といった状況を見ます。つまり，子どもにとっては「一寸先は闇」の状態です。これでは，教師が暗闇を一歩ずつ照らしながらゴールの方向へ連れて行ってあげるしかありません。しかし，これは本当に子どもが学んだことになるのでしょうか。

　単元の見通しを子どもがもつために教師が先に，「単元の流れはこうなっています」と目標や計画を提示することも考えられます。一見よさそうに見えますが，よく考えてみると，この目標や計画は一体，子どもにとって必然性のあるものになっているでしょうか。教師は良かれと思って詳細に（あらかじめ教師が用意した）計画を子どもに伝えるのですが，それがかえって子どもの主体性の発現を阻害している危険性をもっているのです。

　そうではなく，「子どもは自ら伸びようとする存在」と捉えるのですから，その子がもつ願いに立ち返ることが必要です。実際に目の前の子どもはどんなことを望んでいるのか，理想と現実のギャップの中でどんなことを考えた

いと思っているのかを把握することから学習は始まるわけです。今回はシュートを入れたい，そのためにフリーでパスをもらいたい，それらを友達と協力して解決したいという願いがあることがわかりました。それがそのまま単元の目標になりました。このように考えると，目標というものは最初から存在するわけではありません。誰かが勝手につくった目標があるから学習をするのではないということです。まずはその子の願いがあり，それを追究したいという思いが学習であり，それを客観的に価値付け，見える化したものが目標になるというわけです。目標は後付けの概念なのです。

子どもが見通しをもつためには，単元計画を子どもとともに創ることが必要です。やりたいことが決まった子はそれを実際に行動に起こしたいのですから，それが計画として表面化されます。ただし，まだ経験がないので，どのくらいの時間

表5　子どもと考えた1時間の流れ

①パス，キャッチの練習
②ゲーム
③チームタイム
先生からのポイント
自分たちの課題の練習
④ゲーム
⑤振り返り

を確保すればよいかは教師からのアドバイスが必要でしょう。また，必要なことは教師から伝え計画に入れます。この計画は子どもの様子や必要感の変化によって修正されることも頭に入れながら創ります。もちろん1時間の流れも子どもたちと考えます（表5）。こういった話し合いは授業の最後に行ったり，朝の「学級の時間」や給食を食べながら行ったりしています。

大事なことは，子どもにとって必然性のある目標，計画になっているかということです。必然性のある計画の場合，子どもは何のために今，この練習をしているのかと全体が見えているので，自ら行動を起こすことができます。

見通しをもちながら，話し合いに参加する

　一方，教師があらかじめ教材研究し想定していた単元計画はどこにいってしまったのかという疑問が残ります。本実践では，子どもたちと単元を創っている段階で教師の考えた単元計画はとりあえず棚上げされている状態です。それよりも子どもたちが何をしたいのか，その交通整理に集中していました。そして，交通整理をしながら「ここは自分の考えていた計画と重なるな」「この部分は違うが，子どもに任せても気付くだろう」「この流れでも単元目標は達成できるな。難しかったらこのあたりで軌道修正しよう」と考えていました。

　教師は綿密に考え用意した計画をもっていますが，子どもの前に立った瞬間にそれを捨てて，子どもの声に耳を傾けます。しかし，用意した計画は決して無駄にはなりません。子どもの出方によって，その後，どうなっていくのか見通しをもちながら，話し合いに参加することができます。また，用意していた単元計画があるからこそ，「ここで先に戦術の知識を伝えよう」など，新しい視点をもってくることもできるのです。

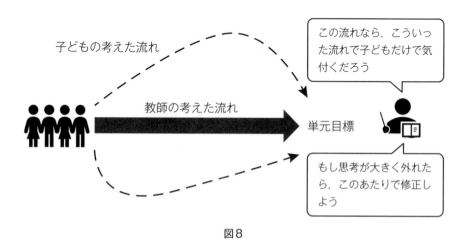

図8

ルール変更で，譲れない部分をもっておく

　単元初期の段階で子どもとルールを考えます。ルールを考えることを通して「スポーツは自分たちにとって面白いと思えるようにルールを変えていいんだ」という見方を培うことができます。

　さて，今回のハーフバスケでは，「もっとゲーム時間を長くしたい」という意見が出ました。また，「ドリブルを入れたい」という意見も出ました。前者は許可しましたが，後者は譲りませんでした。ルール変更では，子どもから話が出たからといって，なんでもかんでも変更すればよいという話ではありません。そこには教師として譲れるところと，譲れないところがあります。それを譲ってしまったら，この学習の学びたいことが学べなくなる（もしくは曖昧になる）場合や，譲ったために子どもの思考が焦点化されなくなる場合は教師として絶対に譲りません。

　本単元では「子どもが自らの課題を把握し，追究する力を高めたい」と考えました。そのための着目点として「ボール操作技能」と「戦術行動（時間と空間の関係）」があり，それらのうちどれが課題なのかを自分たちで把握してほしいと思っていました。もし，ドリブルを取り入れてしまったら，時間と空間の関係はさらに複雑になります。また，選択肢が増えるということは，子どもが見る選択肢も１つ増えるということです。そうなると，課題把握がぶれてしまうことが懸念されます。「この部分を譲ったら全体が崩れるな」というポイントが必ずあるわけです。それがどこなのかは，教材研究をしている教師にしかわかりません。子どもの学力に責任をもつ教師として譲れないところは譲れないのです。

　また，ルールを変更しすぎて，その特性まで取り除かれてしまったら，それは既にその種目ではなくなってしまいます。あくまでも特性（何をしている運動なのか）は見失わず，児童の実態に応じたルール変更が求められます。

ゲームの時間を捻出する

Point

●準備の時間を短くするために工夫する
●徐々に学習内容の声がけに変える

準備の時間を短くするために工夫する

　子どもはとにかくゲームをたくさんやりたいわけです。そこで，私はできるだけゲーム時間を確保するために，様々な工夫をしています。例えば，役割分担をして誰がどんな仕事をするか決めています。ボールを出す子，ゼッケンを渡す子，得点板を出す子といった具合です。授業が始まるとすぐに子どもたちは自分の仕事に取りかかります。そして，準備が終わったチームから練習に入ってよいとしています。自分たちが素早く行動すればするほど，練習する時間が増えますので，慣れてくると教師が指示を出さなくても自分たちで行動できるようになります。

　さらに，対戦表も色を見ればすぐにわかるようにしています（写真）。これがあると，いちいち集合して対戦を伝えなくても，子どもが見てすぐに移動することができます。

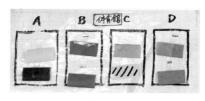

写真　対戦を視覚化する

　ゲームの開始時間は全体が揃うまで待ちません。最も早く整列したチームに開始時間は合わせます。ゆっくり整列しようとするチームは既にゲームが始まっているので，ゲーム時間が少なくなってしまいますから素早く整列します。

【マネジメントの工夫】

・いつも同じような流れにする

同じ流れによって，子どもは次の活動を予測して行動できる。

・全員が同じタイミングで始めなくてもよい

準備が早い子はどんどん活動を始める。準備を早くすると，それだけたくさん活動でき，お得であることを教える。

・役割分担を決める

それぞれの子が何を準備すればよいか，準備したらどこにいればよいかをあらかじめ明確にしておく。

・集合と整列を使い分ける

人数確認や間を空けて準備運動をしたいなら整列。できるだけ素早く集めたいなら集合。

・教師の話は重要なことを端的に述べる

できるだけ短い時間で話ができるように伝えたいことを明確にしておく（私は目標を2分以内と設定している）。

・授業前に準備できることはやっておく

休み時間にラインを引いておく，子どもが出しやすいように教具を手前に置いておくなど，事前の準備で素早く動けるようにする。

徐々に学習内容の声がけに変える

このような流れの管理をマネジメントと呼んでいますが，単元の最初は当然マネジメントの声が多くなります。しかし，単元が進むにつれてマネジメントの声は少なくなり，それに代わって学習内容に関する声がけが多くなることが理想です（図9）。体育では運動量の確保とともに，学習内容に専念できるように，マネジメントが非常に重要です。

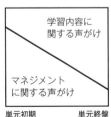

図9　教師の声がけの中身の変化

教えることと考えさせること

　３，４時間目に子どもに必要な知識を教えることにしました。自分たちの課題を把握して練習することが本単元の目標ですし，子どもの実態を見ても，曖昧な練習になってしまう可能性があると感じたからです。

　代表の子を前に出し，実際に動いてもらいながら，「ストップ！　みんな今，どこにスペースが空いているかな？」「あっち」「こっちにも空いている」と，確認していきます。「じゃあ，そこに動いてごらん」そう言うと，ゆっくり攻撃の子が動きます。「守っている人はどうすればいいかな」と言うと，動いた子の所へ行きマークします。「次はどこにスペースができたかな」「こっち」「そうだね。このようにスペースというものは生まれては消え，消えては生まれるものなんだ。だから，スペースを消された（マークされた）と思ったら，次のスペースへ常に動き直さなければならない」と伝えます。さらに，「パスを出す人は，いつ出せばよい？」「味方が動き出したとき」「そうだね。味方がせっかく動き出したのにパスを出さなかったら，味方の子は再びマークされてしまうものね」と，パスのタイミングについても指導します。

　さらに，そのための練習方法も伝えます。「じゃあ，フリーでパスがもらえるようになるために，最初は守備の２人は歩いて，ボールを捕らずに邪魔するだけにしよう。そこで先生の言っていることの意味を理解したら，今度は歩いてボールを捕ってもよいことにしよう。それもできるようになったら，走ってボールを捕ってもよいことにするよ」もちろん，子どもから練習方法が出てくるのであればそれで構いませんが，そうでなければ，練習方法は教師から提示して構いません。練習方法を考えることが目的ではなく，自分たちは時間と空間，ボール操作技能の何に課題があるのかを考えてもらいたい

のですから，それらを支えている要因はできるだけシンプルに子どもに伝えます。やるべきことがわかると子どもたちは何度もスペースへ動く練習を繰り返していました。私は特にパスのタイミングの点を伝えながら練習を見ていました。スペースへの動き出しは子どもにとってわかりやすいのですが，パス出しのタイミングは合否が難しいからです。

　時間が経つにつれて子どもたちの動きも格段によくなっていきました。4時間目あたりになるとスペースへ走る，動き直すといった行動が多く見られるようになってきました。しかし，一方でせっかく動いたのにパスを出さない場面も見られました。この時期がチャンスと思い，私は作戦を考えることを子どもに提案しました。作戦で考えた動きを基本としながら，それが上手くいったかどうかを考えてみようというわけです。そして，上手くいった／上手くいかなかった原因を「ボール操作」と「戦術行動」に求めるように声をかけました（図10参照）。

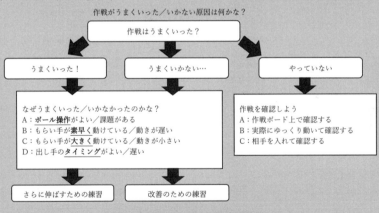

図10　教師の声がけの中身の変化

　「作戦を振り返り，その原因をこれまで学んだ視点に求める」このように子どもが自ら学べる環境を前半で整えました。こうすることで後半はそれらを用いて子どもが自ら課題を把握し練習できるようにしました。

　同時に，ゲーム中は「作戦をやってごらん」と何度も子どもに伝え，作戦を行うことを意識させました。

教師が教えることと子どもが考えること

Point

- ●子どもだけで考えられる足場を整える
- ●作戦はシンプルにし，パス回しの時間を短くする
- ●子どもが課題を把握するために作戦に目を向ける

子どもだけで考えられる足場を整える

　「教師が教えてしまったら，子ども主体の学びではなくなる」多くの教師がこのように考えています。しかし，大切なことは「教師が教えるか／教えないか」ではなく，「その子が自ら学ぶことができるか」です。

　本実践では，最初から子どもに全てを委ねてしまったら，課題が見えづらく，学びも曖昧になると感じていました。そこで，パスやシュートが成立する視点（知識）を先に子どもたちにもたせました。さらに，作戦が上手くいったかどうかを考える中で，それらの視点（知識）に原因を求め，それらを練習して解決できるようにと教えました。もちろん，そのための練習方法も子どもたちに伝えました。

　このような環境設定があって，はじめて子どもは自ら学ぶことができると考えたのです。こういった環境設定（視点，知識，練習方法，作戦の使い方）を子どもが自分たちで気付けるのであれば，それに越したことはありませんが，気付けないのであれば教師から教えます。

　教えたからといって，子どもの思考を阻害しているかというと全く違います。子どもの「シュートを入れたい」という願いを実現する足場を整えたにすぎず，そこから先はそれらの視点を基に子どもが思考することになります。

教師は子どもが必要とあれば知っていることはためらわず教えてよいと考えています。大切なことは，子どもが必要性を感じたタイミングで教えるということです。

　今回は先に視点を教えましたが，子どもだけで気付けるもしくは見付けること自体をねらいとする場合は，最初から子どもに委ねることもあります。種目特性と子どもの実態によります。

作戦はシンプルにし，パス回しの時間を短くする

　よく「作戦で想定した状況になることなど滅多にないのだから，作戦など考えても意味がない」という意見や「とりあえず子どもが楽しそうに話し合っているから作戦を考えさせている」という場面に出くわします。

　作戦とは「チームの基本方針」だと私は思っています。それは大まかな動き方のことです。また，役割は決めますが「誰が」は決めません。そのポジションになった人が誰でも同じように動けるようにすればよいのですから，「A君はいつもこの動きね」というのはちょっと違うと思います。それらを踏まえながらどこに人がいて，どのようにボールを回していくのかをできるだけシンプルに考えるように伝えています。複雑なのはダメです。そして，ゲームになれば基本的には作戦通りに攻撃（守備）することを求めます。

　作戦によって誰にパスをすればよいかがあらかじめ決まっているので，パスをキャッチしてからパスを出す（キャッチ＆リリース）までの時間が短くなりますし，チーム全体が流れるようなスムーズな動きになります。

子どもが課題を把握するために作戦に目を向ける

　作戦を立てる意味はこれだけではありません。チームで基本的な動き方があり，それが上手くいったか／上手くいかなかったかを考えます。作戦という基本的な動き方があるからこそ，「上手くいかなかった原因は何だろう」という話し合いにつながるわけです。そして，その原因を「ボール操作技能」「戦術行動」から考えます。もちろん，上手くいったときも「何がよかったのだろう」という話し合いになります。もし，そもそも作戦を行っていないのであれば，作戦を理解しているか具体的な動きで確かめてみようという話し合いになります。

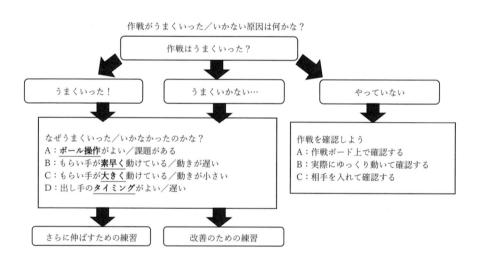

　「作戦が上手くいかないから，作戦変更だ」という声をよく聞きますが，ここまでの話を踏まえると，それは非常にもったいない話であることがおわかりかと思います。子どもはすぐに作戦を変更したがるのですが，作戦は基本的には変更せずに，それよりも原因に目を向けさせます。もし，必要であれば2〜3個，作戦をチームでもっておくとよいですね。

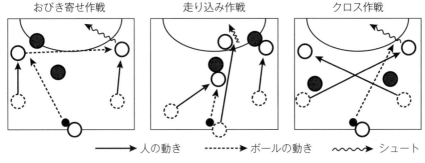

| おびき寄せ作戦 | 走り込み作戦 | クロス作戦 |

──→ 人の動き　------→ ボールの動き　〜〜〜〜→ シュート

図11　子どもたちが考えた作戦（一部）

　ところで，作戦を立てるのはよいですが，いつ作戦がスタートするのかがわからず，せっかく考えた作戦が使われることなくゲームが終了するということもあります。常に動き続けている状況の中で，「今，作戦実行だ！」と実行のタイミングを把握できる子はほとんどいません。

　子どもたちにとって最もわかりやすい作戦実行のタイミングは「リスタート」です。ボールが外に出たり，どちらかが得点を取ったりして，ボールが一度セットされた状態のことです。この状態から「よーい，スタート！」で作戦を始めるのが最もわかりやすい

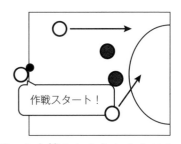

です。本実践では，得点を取ったり，相手にボールを捕られたりしたらスタート位置から始めます。こうすることでリスタートの状況が生まれます。別の実践では，フリーになれる円をゴール前に描き，そこでボールを持った瞬間に作戦実行にしたり，タッチされたらその場に止まるというルールによって，リスタートをつくり出したりしているものもあります。

　また，「全チームの作戦を把握してゲームを見ることは難しい」という声もいただきます。作戦はあくまでも戦術行動の原因を探る拠り所にすぎないので，作戦通りに動けているかどうか私はあまり重視しません。大事なことはオフザボールの動きですから，その点を注視しています。

課題をぶれさせない

Point

- ●一単位時間を通して課題を一本化する
- ●客観的に課題が把握できるようにする

一単位時間を通して課題を一本化する

　ボール運動（ゲーム）は非常に情報量が多いため，子どもたちも様々なものが目に入ってきてしまいます。そして，その目に付いたこと，印象が強かったことを途中の振り返りで話題にすることが多くあります。そうなると，そのチームの本来のめあてからは外れてしまうことが多々あるのです。

　例えば「今日はスペースに動くことを頑張ろう」というめあて（課題）を決め，そのための練習を行ったとします。しかし，実際にゲームを行ってみると，「相手のAさんが上手いからさ……」とか「B君の守り方が……」など，目に見えたことを話題にし，それをどうするかを話し合っていたりします。これでは課題がぶれてしまい，練習したことができたのかどうかがわからなくなってしまいます。ここがボール運動（ゲーム）の落とし穴です。情報が多いために子どもは何を見てよいのかがわからず，目に付いたものに意識が向いてしまうのです。また，プレーヤーとしてコートの中に入ってしまうと，自分の動きがどうなっているのかがわからないということも考えられます。

　そこで，まず課題を一本化することから始めます。今日のめあてが「スペースへの動き出し」なのであれば，それをずっと追いかけ，その視点でゲームを見るように声をかけます。

客観的に課題が把握できるようにする

　客観的に動きを分析し，課題を把握するためには表のようなチェック表も有効です（表6）。こちらはコート外の人がチェックするのですが，「ノーマークでシュートが打てたか」と「シュートが入ったかどうか」のみをチェックします。ノーマーク（1点）の回数が増えていれば，ゴール近くまでボールが運べているのですから，パスが成立していることがわかります。また，同時にノーマークでシュートが打てたかどうかもわかります。ここが×になれば，パスが上手く成立していなかったり，相手を振り切れていなかったりしているので，時間と空間の関係に原因があるということになります。また，フリーでシュートが打てているが，得点が入っていないのであれば，シュート操作技能に原因があることがわかります。

　これだけシンプルにチェックできると，プレーしている子も自分たちの課題が何かを把握しやすくなります。このような客観的に課題を把握できる工夫も必要です。

表6　※鬼澤陽子（2022）を参考に一部著者が加工の上作成

	攻撃の回数	1	2	3	4	5	6	7	8	9	10	11	12	13	14	集計
3対2ゲーム	ノーマーク（1点）	○	×	×	○	○										合計　　　回
	リング・入る（1点）・（2点）	×	×	○	○	×										得点　　　点

※本実践のルールとは一部異なります

　最後に，練習をする場面でボール操作の得意な子がたくさんボールに触れ，苦手な子はあまりボールに触れない状況があります。本来であれば逆で，苦手な子にたくさんボールを触れさせたいところです。子どもたちにこのような話をすると，意識してみんながボールに触れられるような練習を行っていました。ぜひ，読者の方も子どもと話し合ってみてください。

子どもを見取る

　話は少し前に戻ります。作戦を立てようと私が提案し，チームごとに話し合っている場面のことでした。一生懸命に動き方を話し合っている中に1チームだけ「作戦は立てない方がいい」と言い，何も書いていないチームがありました。昔の私であればここで「なに言っているの。みんながやっていること（決められたこと）なんだから，やりなさい」と一喝していたことでしょう。しかし，それでは子ども中心ではなく，教師中心の学びであることに気付いた日から考え方を変えました。「子どもの声を聞こう」「そういった発言に至るその子なりの理由があるはずだ」このように思うようになりました。

　私は「どうして作戦は必要ないと思うのかな」と尋ねました。すると，「だって，作戦があるとそれに縛られて動きづらくなる。むしろ，その状況に応じて自分で判断して動きたい」という話でした。なるほどと思いました。しかし，この発言をしてくれたのはボール運動のスポーツクラブに入っている数名の子たちです。その子たちからしてみたら，その場で状況判断して動けるのでしょうが，ボール操作に慣れていない子にとっては「自分で考えて動いて」と言われても難しいだろうなと思いました。

　しかし，この子たちの考えもよくわかります。作戦ではなく，自分で判断して動けるのであれば，それだって単元目標から外れてはいません。それに，小学生が自分の力で判断してどこまで動けるか，子どもと一緒に考えたいと思ったので，「わかった。君たちがそう言うのであれば，まずはやってみよう」と伝え，作戦なしのチームを1チーム許可しました。

　ところが，ゲームを重ねるうちに，そのチームは勝てなくなってしまったのです。確かにその場の状況に合わせて動いてはいるのですが，相手チームよりもボール保持の時間が長くなり，相手にマークを付かれてしまいます。

３人で攻撃しているので，１人の子が状況判断が上手くても残りの子がそれについてこられない状況になっていました。また，作戦の導入によって，他のチームは意図的な動きが目立つようになり，パス回しも断然早くなっていました。それもあって，他のチームとの差が開いてきたのです。

　どうするのか，私はじっと見ていました。すると，先日「作戦はいらないのではないか」と言っていた子が「両サイドを走って，すぐに戻ってくるように動いて」と作戦を考えていたのです。きっと，動き方がわからない子がいるから，教えようとしていたのでしょう。結果的にそれが作戦になっていたのです。この子はこの学習で戦術行動を学んだだけではありません。作戦の必要性や意味，そして，チームみんなで攻めることなど，実に多くのことを学んでいたのです。

　ところで，ゲーム中に私が何を見ているのかという話ですが，私はボールと同時にボールを持っていない子に注目します。今回はボールを持っていない子がどのように動くのかが課題になっているわけですから，見るべきものはボール保持者ではありません。そうやってボールを持っていない子を見ていると，パスが来なかったとしても，素晴らしい動きをしていることに気付きます。パスが来たかどうかという目に見える現象ではなく，何をしようとしていたのか「その子の意図」を見る必要があるのです。そうして「今の動きはよかったよ」と，誰にも見られることのない素晴らしいプレーに称賛を送っています。ボールがあるところは子どももよく見えます。子どもが目を向けないところに教師は目を向けるのです。

　赤チームは「おびき寄せ作戦」を考えていました。片方のサイドにボールを運び，相手をそこにおびき寄せ，逆サイドにいる味方をフリーにして，そこにパスを出してシュートするという作戦です。

　しかし，見ていると全員がしっかり動いてはいるものの，なかなかパスが出せずに，ただうろうろしているだけに見えました。途中のチームタイムの

話し合いでは「こっちにボールを集めるでしょう。そうすると……」と，話し合っている様子でした。私は机上で話し合っている内容と実際の動きが一致していない子がいるのではないかと考え，「実際に動きながら作戦を確認してみよう」と伝えました。まず，私がボールを持ってスタートラインに立ち，「こっちのサイドに動くんだよね」と子どもたちを動かしボールを出します。「ストップ，そうしたら，今度は反対にいる A さんにパスを出すんだよね」と伝え，作戦をゆっくりと試していきました。これによって，イメージが湧いた子どもは，その後，子どもたちだけで何度も作戦の動きを確認していました。

　その後，ゲームになりました。実際に作戦を試そうとする様子はうかがえるのですが，相手がついてきてしまうので，なかなかパスが出せません。ゆっくりと確認していたときと違って，相手が動くので，予想通りにパスが出せないのです。

　次の日，私は再び赤チームに行き話し合いの様子を聞きました。「もっとスペースに動いてもらわないと，パスが出せないよ」と話していました。その様子を見て私は「なるほど。なかなかいいところに目を付けたな」と感じました。チームタイムでは 2 人対 1 人の状況で練習をしていました。しかし，パスのもらい手の動きがゆっくりなため，相手を振り切れず，スペースへ動いているものの，相手が付いてきてしまっている状況でした。一生懸命にアドバイスをしているものの，アドバイスがズレていると判断した私は，子どもに代わって私が自らもらい手の役をしました。そして，「これから 2 つの動きをするから，どちらがもらえるか考えてね」と言い，最初はゆっくりスペースへ動きました。次は素早くスペースへ動きました。すると「2 回目の方がいい！」「どうして？」「だって，早く動いているから相手がついてこられなくなっている」と話していました。

　他のチームも同様に，子どもたちが何をしたいのか把握し，実際にどのよ

うな動きになっているか見取るようにしています。もちろん，全てのチーム
を平等に見取ることは不可能ですので「この時間はこのチームを見る」とい
うように重点的に見るチームを3チームくらいあらかじめ決め，そのチーム
を追うようにしています。

　見取りながら，「子どもは課題を把握しているかな」「このチームは教師の
介入は必要かな」など考えています。必要があれば先程の赤チームのように
教師が教えたり，課題が見えるようにしたりします。子どもによってはどう
しても勝敗のことばかりに目が向いてしまうので，教師が入り「課題は何か
考えてみて」と交通整理も必要です。

　また，それぞれのチームをじっくり見取る中で，子ども同士をつなぐこと
も忘れてはいけない大切な教師の役割です。「Bさんはスペースがつぶされ
たとき，動き直しができるようになってパスがたくさんもらえるようになっ
たよ」など，よい動きを全体に広げます。もしくは，「よい動きをしている
この子（チーム）を次の時間の最初に紹介することで，クラス全体にタイミ
ングを意識させよう」など，今後の戦略を立てたりしながらゲームを見てい
ます。

　見取りは教師の役割の中で最も重要かつ難しいものです。私は子どもたち
が何を話しているのか，すぐそばまで行って会話の中身をじっくり聞いたり，
振り返りシートに書いた内容を把握したりと，様々な方法でその子（チー
ム）をできるだけ見取れるように努力しています。

子どもを共感的に見る

- ●大人の物差しを捨て，その子の世界観で見る
- ●紆余曲折できる自由度を保障する
- ●不確実性を受け入れる

大人の物差しを捨て，その子の世界観で見る

　先生方は日々，子どもたちをどのように見ているでしょうか。私は若い頃，子どもになめられてはいけないという気持ちが強くありました。それと同時に，「自分のクラスの子どもたちってすごい」と周囲の先生方に見られたい気持ちも正直，持ち合わせていました。お恥ずかしい話ですが，そのために子どもを威圧的に管理し，こちらが思っているように子どもを動かすことばかりに一生懸命でした。しかし，そのような指導を続けているうちに，私と子どもの心の距離が開いていくことに気付きました。また，クラスは殺伐とした雰囲気になり，問題も日々起きていました。それを抑圧するために，さらに厳しく子どもを管理するようになっていました。そうなると，ますます子どもとの心の距離が開くという負の連鎖に陥っていました。

　そのような中，大先輩や大学教授との出会いにより，私の教育観は大きく転換しました。それは，子どもを共感的に見るという視点がもてるようになったことです。どうしても我々教師は「大人の物差し（評価規準）」をもって子どもを見ようとします。すると「これも足りない」「こんなこともできないのか」と，ないものねだりになりがちです。そして，ないものを埋める

ことに懸命になり，いつの間にか子どもと心のズレが生じているのです。そうではなく，その子の世界観に立ち，その子の見え方（フィルター）で物事を見てみると，そこには実に豊かな世界が広がっていることがわかりました。また，その言動にいたった経緯や理由が見えてくるようになりました。

　このような見方で本実践の「作戦は立てなくてもよい」という発言を見たとき，それは実に面白い意見であると感じます。その発言をした子は，これまでのボール運動経験から，自由に動けることに楽しさを感じ，同時にそれが上手くいっていたのだと思います。だからこそ，作戦によって動きを縛られたくないという気持ちになったのでしょう。これは作戦に否定的な意見ではなく，むしろ積極的に教材に向き合った発言であることがわかります。
　私はその考えを認めつつ，同時に「なかには動き方がわからない子もいる。その子たちがどうなるかが大事だな」「作戦なしでどこまでできるか一緒に考えたいな」と思いながら，この先どうするか悩んでいました。

紆余曲折できる自由度を保障する

　このように見ると，子どもは，直線的，効率的に物事を学んでいるのではないことがわかります。右往左往しながら，ときに回り道をしながら学んでいるのです。今回，私が一方的に「作戦は立てるものだから」と言って，直線的，効率的に考え（価値観）を押し付けたのでは，何のために作戦があるのかということが学べませんでした。その子が今，どのような目で教材や友達のことを見ているのか，その子の世界観というフィルターを通して見たときに，そこには必ず理由があるわけです。それが教師の意図や価値観と異なっていたとしても，まずはそれを認めることが大切だと思うのです。

　大事なことは，子どもは「今，学んでいる」ということです。我々大人だって，"そのとき"に考え紆余曲折を繰り返し，ここまできました。子ども

も同じです。子どもも今，学んでいるのです。教師が先回りして教えるのではなく，紆余曲折しながら今，じっくり学べる環境を保障してあげたいです。教材研究によって見通しがあるからこそ，自由度が生まれると感じます。

　子どもが紆余曲折しながら学ぶというのは下図のようなイメージです。

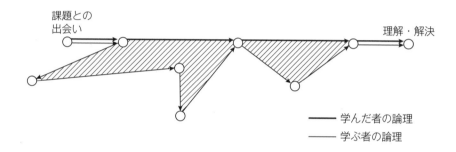

課題との
出会い

理解・解決

―― 学んだ者の論理
―― 学ぶ者の論理

図12　学んだ者の論理と学ぶ者の論理
※平野（2017）を参考に作成

　学んだ者，すなわち教師は合理的，効率的な方法を知っているわけですから，回り道をせず最短で子どもたちに知識を獲得させることができるわけです。しかし，学ぶ者，すなわち子どもは，その先に何が待っているかわからないわけですから「こうかな」「もしかしたらこっちかな」と悩み，右往左往しながら学びます。この紆余曲折することは無駄なのかというと，そうではありません。その過程の中で問題解決力や協働性といった様々な資質・能力も同時に高めているのです。

　今回の実践で言えば，「スペースへ素早く動けていないから，スペースへ動く練習をしよう」と課題を設定し，それを練習するチームがありました。ところが，実際はパスを出すタイミングが遅いために，せっかく動いたのにボールがもらえないという場面もありました。子どもたちは，何度も練習す

る中で互いの動きを見合ったり，何度も話し合ったりしていました。そして，「あぁ，なるほど。動いているのにパスをすぐに出していないから，再びマークされちゃうんだ」と本来の課題に気付きました。そして，素早くパスを出す練習を行っていました。まさに紆余曲折する中で，協働性や問題解決力，主体的な力が育まれていることがわかります。

不確実性を受け入れる

　この紆余曲折しながら学ぶということは，どこにその子の思考が向くかわからないので学習としては不確実な要素が増えます。しかし，この不確実性が保障されているからこそ子どもは主体的に考えようとします。逆に言えば，主体的に考えようとするときに不確実性が生じるのは自然なことだとも言えます。しかし，教師はこの不確実性を嫌います。予想した通りに物事を進め，確実に力を付けさせることが，教師自身にとっての安心感につながるからです。しかし，果たしてそれでよいのでしょうか。教師の思い描く方法で，予定していた力を付けたとしても，それは「できるようにさせられた」状態なのではないでしょうか。そうではなく，子どもが自らの力でできるようになることが大切だと感じます。

　「リスクを冒さないことこそ，最大のリスクだ」（マーク・ザッカーバーグより）「Beautiful Risk of Education」（ガート・ビースタ2021）。失敗を避け，成功体験だけを求めたとき，長期的に見れば，それは大きなリスクを背負うことになります。

　また，リスクがあるからこそ，教師は本気で子どもを見取ります。生半可な覚悟で子どもに任せたのでは子どもにも失礼です。我々はただ子どもを安全に預かっているのではなく，力を付けるために預かっています。力を付けるためにはリスクに立ち向かいつつ，一人ひとりを把握するほかありません。

何のために何を見取るのか

Point

● 声なき声を聴く
● この先，予想される展開と支援を考える

声なき声を聴く

　子どもは様々な「声」を発しています。「ここが難しい」「もっとこうしよう」といった音声として聞き取れる「声」もありますが，それだけが全てではありません。もし音声としての声のみを聞き取り，それが見取りであると捉えてしまっているならば，声が出せない子の考えはないがしろにされてしまうことになります。教師は表には出されないが，その子の内にある「声なき声」に耳を傾けなければなりません。

　ゲーム中，動けずにその場に立ち尽くしている子がいるとします。「こっちに動くといいよ」と多くの教師は声をかけます。しかしながら，この子は一体何に困っているのでしょうか。動き方がわからないから動けない，失敗が怖くて動けない，どこに動こうか考え中だから動けない……，様々なことが考えられます。それなのに一方的に「こっちだよ」と言ったのでは，子どもとの間にズレが出てしまいます。もし，怖いから動けないのならば安心感のあるチームの雰囲気が必要ですし，どこに動くか考え中であれば，あえて何も言わずにじっと見て価値付けてあげることも必要です。

　大事なことは，表に現れた事象に対してすぐに反応するのではなく，一度，教師の中で咀嚼し，様々な可能性を予測した上で支援をすることです。

子どもは様々な方法で「声」を伝えようとしています。その子の発言やワークシートに書かれている文章，自主学習ノートなど言語化されたものもあれば，姿勢や立ち振る舞いなど非言語的な方法もあります。また，ゲーム中は難しいですが，チームで話し合っている場面などでは，聞いている子の目を見てください。「目は口ほどに物を言う」と言いますが，目を見ると悩んでいるのか，希望が見えているのかもわかります。

　ゲームに教師の気持ちが入りすぎる（夢中になりすぎる）と，そういった声は見えづらくなります。少し子どもと距離を置き，心にゆとりをもち冷静に個々人を見ようとすると，内にある声に気付くことができます。

この先，予想される展開と支援を考える

　その子の置かれている状況を見取ったのであれば，次に教師は，この先どうなるのかを予想し，どういった支援が必要になるのかを考えます。

　「この子は，自分の力で解決できるだろう」
　「この子は，もう少しヒントが必要だな」
　「この子は，私が伝えるよりも友達の動きを見せた方がよさそうだ」
　「この子とあの子を結び付ければ解決できるだろうな」

　このように，その子にとってどういった支援を行えばよいかを考えます。もちろん，教師であっても完璧な見取りと支援をすることはできませんので，あくまでも予想ではありますが，それでも「その子が学ぶ」に対して，最善の支援を考えるのです。

　また，その子と友達とをつなぐことも大事な教師の支援です。「A君のところに行っておいで」「Bさんからポイントを教えてもらうといいよ」など，子ども同士をつなぐのです。クラス全体を把握できている教師だからこそ，誰がどのような考えをもっているのかを知っており，誰と誰をつなげばよい

かがわかります。

　また，クラス全体を見取りながら，上手くできていない子が数名であれば，その子へ直接的に声をかけに行きます。もし複数（10名程度）の子が動きが難しいのであれば，その子たちを集めてその場で指導（支援）したりもします。もしクラスの多くの子ができていないのであれば，クラス全体に向けて指導（支援）を行います。

　また，このように個人個人を見取りつつ，全体の現状にも気を配ります。そして，単元計画と現状を比較しながら，このまま進んでよいのか，それとも単元計画を修正すべきなのかを検討します。教材研究によって見通しとより広い視野をもてますので，それらと照らし合わせながら次の一手を考えます。

　しかし，このように書くと「なんだか難しそうだな」と感じられる読者の方もいるかと思います。理論的に説明すると，このようになるのですが，実際はこれほど複雑なことは考えていません。本書に書いた環境設定をすることで，ほとんどの子が自ら力を獲得していきますので，私はそういった子を認め，価値付けしています。それよりも一人だけで思考が停滞してしまっている子に時間をかけ，支援方法を模索しています。

　また，教師が次に何をするのか全てを決めている授業の場合，教師は時間管理や次にやるべきことばかりに注意が向くので，ゆっくりと子どもを見取る時間はなくなります。そういったせわしない授業ではどうしても子どもを見取るというよりも，教師の指示に従っているかどうかばかりが重視されます。子どもが活動している時間をたっぷりと設け，その中でじっくりと子どもを見取り，必要があれば支援や指導を行うという見方が必要です。見取りは最初のうちは難しいですが，意識して実践を積み重ねることで高まる教師の資質・能力の１つです。

第3章

子ども主体の授業デザイン
―3年生・マット運動『ペアマット』―

　ボール運動（ゲーム）領域を例に挙げて説明してきましたので，ここでは器械運動領域であれば，どのような授業づくりになるのか考えたいと思います。

　ボール運動（ゲーム）と異なり，器械運動は「技ができた／できない」が子どもにとって最も高い関心事であり，できない＝運動が苦手（つまらない）に直結する領域です。だからといって教師が全てを指示し，まるでトレーニングのように授業を展開することは避けなければなりません。よく見かける光景に，一列に並ばせて何度も繰り返し練習させる場面を見かけます。しかし，並んでいる間は力は付いていません。大事なことは「跳び箱という教材を通して，どのような力が身に付いたか」です。決して技ができたかどうかだけが大事なわけではありません。技の上達を目指す過程の中で，実に様々な力を子どもは身に付けているのです。

　ここでも同じように，子どもたちの様子から理論を展開させていただきますが，ボール運動（ゲーム）にて，話させていただいたことと内容が同じ場合は割愛させていただきます。それよりも器械運動だからこそおさえたい授業づくりポイントを明らかにしたいと思います。

引き出したい動きを遊びの中に仕掛ける

子どもに提示する前に技術ポイントを整理しておこう

始め・中・終わり

マットだから技の開始・途中・最後に分けて整理するといいな

前回り→V字バランスで、V字バランスの時に足をマットに着かずにできるか、という課題ならば子どももきっと意欲をもつだろう

マット運動で子どもが挑戦したくなるような課題はないかな？

前転 勢いをつける	⟷	前回り→V字バランス ブレーキをかける

どうやったらブレーキがかかるのかな？

学習のねらいになっているぞ…

小さく回ってみたらどうかな？

膝を伸ばしたままゆっくり回ってみようかな

腹筋に力を入れてみよう！

実際にやってみると…

あれ？足がマットに着いちゃうな

もう1回やってみたい！

どうしたらできるんだろう？

夢中になって遊んでいるなあ…

学び合いが成立する環境を整える

同時にやってみよう

おもしろい！もっとやろうよ！

2人で同じ動きをシンクロすれば見合う必要性が出るな…

お互いにアドバイスをする授業にしたい

う〜む…

「みんなでできる」をテーマにする

動きを見る場所を指定する

自分さえ…
ではなく、みんなで
できるような学習
にしよう!

なるほど!

ペアの人もできるように
するのが体育なんだな

注目点を共有する

開始	途中	終
こしを上げる **こし**	ひざを曲げる **ひざ**	手を前に

終わりの時は
どんなポイント
があるかな?

ポイントはあまり多くない方
がいいな。本当に大切な
ポイントを3つくらいに絞ろう

具体的にどこを見れば
よいかまで共有する

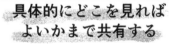
注目

「腰を上げる」だから腰を見ればいいね

ICTの使い方はここで!

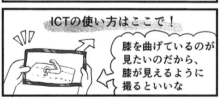

膝を曲げているのが
見たいのだから、
膝が見えるように
撮るといいな

時間で交代する

× じゃあ、次私ね

こうだったよ

はーい!

そうなんだ

○ もう1回
やってみて!

こうだったよ

そうなんだ

じゃあ、
今度は…

その子の課題を話し合いのテーマにする

なるほど、
こんな感じか

よいしょ…

おぉ…！

私がろく木でやって
みるから見ててね

-側転の練習-

そうなのかなあ

うーん

ぐっ

手のひらに
体重が乗れて
ないんじゃない？

膝を伸ばせば
いいのかな？

もう1回手のひらに
乗る練習もするといいかも

うん、
できそうだよ！

試行錯誤できる自由を保障する

ろく木で練習
してみたけれど、
どうかな

膝が曲がっているよ

おお！かなり
よくなってきた！

ポイ!!!

あ！直線に
なっている

教師もともに追究する

ポイント

そうだね、
手のひらに乗るとき、
手と肩の位置はどう
なっているかな？

ハーイ!

A

Aさん
ちょっと見本を
見せてくれる？

自分の感覚と友達の評価を一致させる

学び方を振り返らせる

子どものやりたい気持ちを引き出す

　３年生のマット運動です。単元の最初に「前転→前回り→Ｖ字バランスという連続技ができるかな？」という連続技（子どもには遊びと伝えています）を行いました。前転と前回りの違いは，前転が最後に立つとこ

ろまで求めるのに対して，前回りは立たなくてよいということです。前回りをしながらそのままＶ字バランスに入ります。このとき，１つだけ要求をします。「Ｖ字バランスのときに足を地面に着けずにできるかな？」という要求です。「そんなの簡単！」と言いながら，子どもたちは勢い余って地面に足を着いてしまいます。前転で立つときは勢いが必要なのですが，前回りからＶ字バランスになるときは逆に勢いが出ないようにブレーキをかける必要があります。「どうやったら勢いが付くか／ブレーキがかかるか」を子どもは必死に体を使って考え始めます。まだ前転のポイントを共有していないので，手でマットを押して立ち上がる子もいますが，そういう子もＶ字バランスで足を着けない遊びに夢中になっています。「腹筋に力を入れると，ゆっくりになるんじゃない」「小さく回ってみなよ」など，自然と子ども同士の関わり合いも生まれています。集合し，こういった声を全体でポイントとして共有します。私からも「膝を見ていてね」と言って実際に伸ばす／伸ばさないを見本で見せます。

表7　子どもと考えた勢いの付け方とブレーキのかけ方

	開始	途中	最後
勢いを付ける	腰を高くする （重心を高く）	膝を一気に折る 腰を一気に丸める	
勢いを維持する	後頭部を着く	頭，肩，背中，腰 の順番に着く	手を前に出す
ブレーキをかける		膝をずっと伸ばす お腹に力を入れる	

　練習を重ねるとすぐに多くの子はできるようになります。できない子もいますが，友達からのアドバイスで何度も挑戦していました（簡単な動きなので，数時間後には全員ができるようになりました）。「じゃあさ，これを友達と動きを合わせてみたら面白そうじゃない？」と私から提案しました。「いいね！　面白そう」ということで，すぐにマットを隣同士に並べてペアで取り組みます。「せーの！」「おお！　同じ動きになった！」など，子どもたちは大興奮です。「こうやってペアで技を合わせることをシンクロするって言うよ。シンクロの遊びをやっていこう」と話すと，子どもたちも非常に意欲的でした。

　次の時間のことです。私からは「シンクロだから，できるだけ２人の動きが一緒になっているといいよね」と話しました。動きを合わせるという布石を打っておくことで，動きを合わせる＝互いの動きを見合い，質を高めるようになるだろうと考えました。

　自分たちでやりたいことがあり，そのためのポイントもわかった子どもたちは，全体の話し合いが終わると，すぐに練習を始めます。なかには早速，友達にアドバイスをする子も現れます。しかし，１人，黙々と練習する子もいます。私は「友達との教え合いの仕方を教えてあげないといけないな」と感じ，どこまで伝えようかと悩んでいました。

子どもの願いから授業を構想する

Point

●子どもがやりたいことを目的にする
●技術ポイントを学んでおく

子どもがやりたいことを目的にする

　小さい子がよく動物の真似をしたり，面白い動きをして「見て，見て！」と言ってきたりします。これは自分の体を使って何かを表現し，それを誰かに見てもらいたいという気持ちです。マット運動も同じです。「こんな表現をしてみたい」「みんなで一緒に演技してみたい」という気持ちが先にあります。大人が決めた技ができるかどうかが先にあるわけではありません。

　今回のペアマットも「友達と動きを合わせる面白さ」が先に存在し，そのために技の習熟へと学習が進みました。子どもにとってやりたいことが先にあり，そのために技術ポイントを知る必要があるという流れです。

はじめに大人の考える技ありき　　　　　　　　　　はじめに子どもの気持ちありき

「技ができるようにならなければ　　　　　　　「この技ができるようになりたい」
いけない」

　「しかし，シンクロさせるためには，技ができなければならないのではないですか」という疑問を抱かれる方もいるでしょう。技を十分に習得させ，その発展としてペアマットを提示するという話です。私はそのようには思いません。これでは，技の習得ありきであり，子どもは「なんのために技の習

得を目指すのか」がわかりません。今回のように「ペアマットを完成させること」に夢中になりながら，その過程の中で技能習得や練習の必要性が生まれてくると考えています。

技術ポイントを学んでおく

　その技を教師ができるかどうかに関係なく，ポイントを理解しておくだけで，体育では大変役立ちます。技術ポイントに関する本は多数出回っておりますので，ご自分にとって読みやすいものを選ばれるとよいと思います。

　ただし，そこに掲載されている技術ポイントを全て子どもに提示したのでは，何が大切なのか子どもはわかりません。子どもたちに示すときには，局面ごとに整理すること（表8）と，本当に大切なポイントに絞ることが大切です。

表8　器械運動における動きの局面

マット運動	技の開始時		技の途中		技の最後	
跳び箱運動	助走	第一踏切	第二踏切	着手	空中動作	着地
鉄棒運動	上がり		回転		下り	

　もちろん専門的にはさらに細かく分かれたり，もっとシンプルだったりしますが，私はこちらの表で十分と思っています。これを板書で整理しながら，「前転の最初はどんなことがポイントになるかな」と尋ねます。後述しますが，子どもはこれらの局面を見ながら，どこに課題があるか考えます。

　また，ポイントは「体の部位＋オノマトペ（擬音語）」で表現するように指導します。「勢いを付ける」ではなく，体育ですから「膝をビョーンと伸ばして勢いを付ける」などと表現できるようにします。

子ども同士の学び合いを成立させる

　単元の最初に紹介した「前転→前回り→Ｖ字バランス」に加え，私から側方倒立回転（以下，側転と記載）をペアマットに入れることを伝えました。この側転は子どもからも「やりたい」という意見が出ていましたが，何よりも教師が必要だと感じたので入れたのです（子ども主体の学びであっても，必要なことは教師から伝えます）。

　また，１つの場に２組のペア（合計４名）を配置しました。そして，練習をするときは１人が演技を行い，他の人はマットの横か前後からその演技を見るように指示しました。そのとき，１人の子に対して練習する時間を１分30秒（タイマーで時間がわかるように設定）にしました。

　側転は３年生の子どもたちにとって初めて出合う技ですので，スモールステップを示します。スモールステップを一通り理解したあと，「どのように１時間の授業を進めたいかな」と問いました。す

【提示した側転のスモールステップ】
① 逆立ちで手のひらに２秒以上乗る
② 踏み切り足からの両手支持→着地
③ ②＋空中での足の入れ替えを行う
④ ③＋着手の手を前後にする
⑤ ④＋着手の手の向きを垂直にする

ると，「側転の練習をして，その時間の最後にペアマットで試してみたい」という声が上がりました。何のために側転を練習するのか子どもの中で見通しがもてています。そして，単元をどのように進めるのかも考えました。すると，側転の練習を２時間取り，その後はペアマットで難しいと思う技をそれぞれが練習するという流れになりました。私からは側転のポイントもクラスで共有する時間がほしいことを伝え，２時間の側転の練習時間にポイントを共有することになりました（表９）。

表9　子どもと考えた単元計画（3時間目の段階）

時間	ねらい・内容
1	・遊びの紹介（前転→前回り→Ｖ字バランス）　・ペア編成
2	・シンクロの紹介　・技のポイントを知る
3	・側転のスモールステップを試す　・学び方を知る（見る場所）
4 ・ 5	・側転のポイントを知る ・ペアマットに側転を入れる （前転→前回り→Ｖ字バランス→肩倒立→立つ →ジャンプ（方向転換）→側転×2→ポーズ）
6・7	・ペアマットを行いながら，できない技を絞って練習する
8	・発表会を行う　・その子の伸びを認める

　側転の練習が始まると，子どもたちは非常に意欲的です。教師から「この練習をしなさい」とか「この順番で学びなさい」などということは一切伝えていませんので，自分で試しては友達と話したり，1人で何度も練習を繰り返したりしています。

　しかし，なかにはただ闇雲に動きを繰り返しているだけという子もいます。さらに，できない子に対して何か伝えたくても，ポイントがわからないため，ただ黙って見ているだけという子もいます。

　そこで，クラス全員で側転のポイントを局面（p.87参照）ごとにまとめることにしました（教師からのポイントもありますが，その中には子どもが独自に考えたポイント〔コツ〕もあります）。このようなポイントはそのまま「動きを見る視点」になります。

　このような学び方を子どもに教えていないのに，ただ「アドバイスをしなさい」と言っても，それは選択肢がないのに難しいです。何を見るか，どこで見ればよいか，いつアドバイスするのかなど，学び方を知ることで，子どもに任せたときに学習が成立するのです。

協働性が発現できる環境を整える

Point

● 「みんなでできる」をテーマにする
● 教え合いは時間で交代する

「みんなでできる」をテーマにする

　私は全ての体育の学習において「みんなでできる」をテーマにしています。体育は，ややもすれば「その動きさえできればよい」「自分さえできればよい」と勘違いしてしまう子が出てきます。

　そうではなく，「なぜ，できるようになったのか」「どうすればできるようになるのか」を考えることが体育の勉強であると常に伝えています。そのように考えると，友達がどうやったらできるようになるのかを一緒に考え，試行錯誤することこそが体育では重要な時間と考えられます。みんなでできるということは，互いの動きを自然と見られるような環境設定が必要です。そのためには，教師が意図的に環境を整える必要があります。

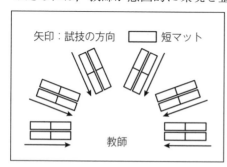

マットの置き方

アドバイスする位置

マットをこのように配置することで一緒に行っている友達の動きが目に入ってきます。また，アドバイスする位置もこのように決めます。もちろん，何を見たいかによって立ち位置は変わりますので，ポイントとセットでおさえます。

教え合いは時間で交代する

　子ども同士の教え合いが重要であることは，ほとんどの先生方が賛同されることでしょう。しかし，実際には次のような教え合いになっていないでしょうか。

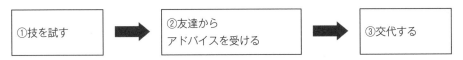

　このような設定だと，せっかくアドバイスしたのに，アドバイスを生かすまでに時間差が生じてしまいます。そして，せっかくのアドバイスが十分に生かされません。そこで，次のような設定にしてみます。

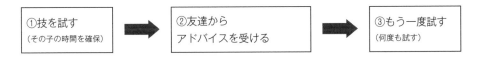

　私は1分30秒（2分だとやや長い）はその子の時間として，何度も技が試せるように設定しています。こうすることで，アドバイスを基に，もう一度，試すことができます。また，アドバイスをした人にとっても，自分の言ったことがどうだったのかわかるので，「この言い方ではなく，別の言い方にしてみよう」など，その子にとっての学びにもなります。

その子の課題を絞り込む

　ここからはアキラ君とペアのマリさんの学びを追ってみたいと思います。アキラ君は側転にて，腕支持（手のひらで体を支える逆立ち姿勢）が上手くできませんでした。何度も練習しますが本人はどこに課題があるのかわからず闇雲に行っていました。マリさんもアドバイスをしますが，腕支持ではなく，全く違うアドバイスになっていました。全体で共有したポイントも数が多すぎて，どこにアキラ君の課題があるのか絞り込めていなかったのです。

　アキラ君をはじめ，多くの子が腕支持ができていない状況を見た私は，「肋木を使って手のひらに乗る練習もあるよ」と全体に伝えました。その後，アキラ君たちは，グループの３人が肋木を使って逆さ姿勢を何度も行いアキラ君に見せていました。「ああすればいいんだな」というイメージがもてたのでしょう。その後，肋木を使って何度も挑戦するアキラ君の姿がありました。さらに，マリさんから「手のひら全体で体重を支えるんだよ」などアドバイスをもらっていました。

　次の時間のことでした。多くの子がすでに側転の大まかな形ができており，あとは膝を伸ばすことに課題があると感じた私は，授業の最初に「膝を伸ばす」というポイントを全体に伝えました。同時にゴムひもを使った練習方法も提示しました。ところが，これがアキラ君にとってはかえって逆効果でした。アキラ君は目新しいゴムひもを使いたいために膝伸ばしに取り組んだのです。実際には腕支持で２秒乗れない（１秒くらい）ため，腰の曲がった側転になっています。よくよく考えると，アキラ君はそれまで腕支持を中心に練習してきましたが，それがどの程度できているか自分自身ではよくわからず，膝伸ばしに進んでよかったのか悩んでいたのだと思います。グループの

ケンジ君も「膝が曲がっているから膝を伸ばす練習をした方がいいよ」というアドバイスをしました。この一言によってアキラ君は「やっぱり膝伸ばしでいいんだな」という間違った課題に取り組むことになります。当然、選択した課題が間違っているために、アキラ君のグループは悩み始めました。膝伸ばしに着目するも「腕支持がまだできてないんじゃない？」「マットの上での倒立練習もやってみよう」など、アキラ君の動きを見ながらもう一度、腕支持の練習に戻ったり膝伸ばしに行ったりしているのです。本当にその課題でよいのかという迷いがグループの中に生まれ、グループ内で様々な意見が出されます。私もアキラ君の動きを見ては課題を子どもたちと一緒になって考えていました。

　驚くことにアキラ君は腕支持と膝伸ばしを行ったり来たりしながら、本当の課題であった腕支持も時間が経つにつれてできるようになっていきました。腕支持ができてから膝伸ばしといった順序は確かに存在しますが、子どもは、たとえ間違った順序を選択してしまったとしても、それを克服しようと試行錯誤する中で、本来の課題もできてしまうのです。もしかしたら正確な順番などというものは存在しないのかもしれません。

　単元も終盤に差し掛かりました。このころになるとアキラ君グループは膝伸ばしに課題を絞り、自然と膝に注目してアキラ君の動きを見るようになりました。面白いのは、膝伸ばしをめぐって子どもたちの関わり合いに変化が見られるようになってきたことです。マリさんが「今のは（膝が）伸びていたよ」「今のは曲がっていた」など、膝が伸びているかどうか合否を伝えているのです（詳細は後述します）。

　また、アキラ君自身にも変化が現れます。これまで自分からアドバイスを求めなかったアキラ君でしたが、このころになると「どうすればいいの？」「ちょっとやってみせて」と、自分から友達に聞く姿が見られるようになりました。単元最後の発表会でアキラ君とマリさんが見事なシンクロを行ったことは、詳細を述べるまでもありません。

課題を絞り込むためには　―意識の焦点化―

Point

- ●友達と話し合いながら課題とポイントを絞り込む
- ●称賛の声とともに矯正の声がけを行う
- ●内観と他者評価を一致させる
- ●「どうしてできたのか」を説明させる

友達と話し合いながら課題とポイントを絞り込む

　器械運動ではポイントをおさえても，子どもからしてみると課題が多すぎて自身の課題は何かわからない場合が多くあります。さらに，「手のひらに２秒乗る」とい

図13　腕支持の課題

う課題がわかったとしても，「そのためには体のどこをどうすればよいのか」という，さらに一歩踏み込んだ課題が出てくるのです。図13のように，腕支持だけでもこれだけの課題があると考えています。また，技（動き）は一瞬の出来事ですので，課題を把握することは至難の業です。ここが体育学習の最も難しい点であり，放任と子ども主体の分かれ道です。

　私の授業では，先述したようにポイントを局面ごとに整理した先に，それらを基に子どもが紆余曲折しながら自身の課題を絞り込むことを重視しています。その際，大切にしていることは「全体で共有したポイントであっても，自分にとってしっくりくるものを２～３つに絞ること」です。ポイントは多

く挙げればできるようになるわけではありません。また，たとえ一般的に言われているポイントであっても，その子にとっては友達から言われた一言の方がずっとためになることはよくある話です。

　また，ICT はこの場面でこそ有効です。スロー再生や繰り返し再生をする中で，どこに課題があるのかを検討します。ICT は「何度も」「ゆっくり」見られるので，課題を絞り込む際には非常に役に立ちます。ただし，見るときはグループで見るなど，孤独な学習にならないよう配慮が必要です。このように，課題とポイントを絞り込むことを目的にすることで，ようやく教え合いは成立するのです。

　一方，ポイントを子どもと共有してもそれだけでは学び合いは難しいです。なぜなら子どもは動き全体を見るからです。そこで，誰がどこの部位を見るのか役割分担をして外から見るようにします。「あなたは着手をしっかり見ていてね」といった具合です。

　さらに，子どもでも判断できるように客観性をもたせます。「（側転の）腰を上げる」と言われてもどのくらい上げるのか判断できません。「正面から見て手の位置と腰が平行になっているか見てね」と言えば客観性が出るので，子どもでもよいかどうか判断できます。例えば，跳び箱の開脚跳びでは「踏切を強く」と言われても，強くとはどのくらい強いのかわかりません。「ドンとこのくらいの音が出ているか見てね」と言えば判断できます。

　見る役割を決め，客観性をもたせることで何を見ればよいかが決まり，はじめてそこに学び合いが成立します。

称賛の声とともに矯正の声がけを行う

　子どもが探究を始めたとき，もちろん教師も子どもと一緒になって，その子の課題を見出そうと必死になります。専門的知識をもっている教師によって新しい視点をもってきたり，子どもが見ている視点を修正したりすること

もあります。

　表10をご覧ください。これは「子どもが有益に受け止めた教師の助言」の割合です。これを見ると，技能面に関して肯定（称賛）の声が20.1%，矯正の声が55.7%です。技能面合計では75%を上回っております。

表10　子どもが有益に受け止めた教師の助言（子どもの記述内容）

記述内容	フィードバック				励まし	発問	その他	合計
	技能的		学び方	協力的学習				
	肯定的	矯正的						
割合（人数）	20.1%（121人）	55.7%（336人）	5.0%（30人）	3.2%（19人）	7.5%（45人）	2.2%（13人）	6.5%（39人）	100%（603人）
	75.8%（457人）							

※高橋ら（2010）より

　子どもを見取りながら，「頑張っているね」「すごいね」など，情意的な称賛の声だけでなく，動きを矯正する声も必要であることがわかります。「手のひら全体でマットを押すんだよ」「最初の手をこのあたりにおいてみよう」といった具合です。

　第2章でもお伝えしましたが，教師は「子どもが必要性を感じていれば」もっている知識をどんどん伝えてよいのですから，その子のために遠慮なく伝えます。ただ，注意したいのは，教師の言うことが絶対ではなく，それも1つのポイント，きっかけとして捉え，さらに自分なりの探究を続けることです。「子どもが学ぶ」「教師はあくまでもその支援」ですから，一緒になって考える共同探究者としての立ち位置で子どもとともに考え，学ぶ姿勢が求められます。

内観と他者評価を一致させる

　アキラ君は側転に初めて挑戦しました。もちろん，これまでに側転を見たことはあったと思いますが，じっくりと見ることはなかったのでしょう。そのため「こうすればいいんだな」というイメージがもてずにいました。授業ではアキラ君グループの友達が肋木を使って見本を見せてくれました。この見本によってアキラ君は「こうすればいいのか」というイメージがもてるようになったのだと思います。

　「学びは真似ること」と言うように，動きを実際に見て，それを真似することから動きの獲得は始まります。そして「こんな感じ」という大まかな運動イメージがもてるようになることが大切です。余談ですが，「運動アナロゴン」と言って，新しい動きに出合ったときにそれまでの運動感覚が引き出され，動きが獲得しやすくなるという研究もあります。日頃，様々な運動をしておくことの重要性がわかると思います。

　側転の練習に意欲をもったアキラ君でしたが，手のひらで体重を支えることが難しく，なかなか側転ができずにいました。そこへ，マリさんが「手のひら全体に体重を乗せるんだよ」とアドバイスをくれました。教師からのアドバイスを何度行ってもできなかったアキラ君でしたが，マリさんのアドバイスは自分に合っていると感じたのでしょう。少しずつ手のひらに乗る時間が増えてきました。このように，子どもの言葉（コツ）の方が伝わるということは，よくある話です。大切なことは，様々試しながら自分にしっくりくる練習方法やコツを模索することです。
　しかし，手のひらに乗るという感覚は人それぞれであって，できているかどうかは，その子の感覚に任されています。ですから，今，自分の課題は何かを知ることはかなり難しいのです。そこで，アキラ君グループはアキラ君の課題を巡って紆余曲折を繰り返していました。しかし，ただ闇雲に進んで

いたわけではありません。教師から与えられた「見る視点」があるので，「手のひらに２秒乗れているか」「腰は上がっているか」「膝は伸びているか」を見ながら，課題を絞り込んでいきました。

　もちろん，これらの視点は客観性があり，子どもでも見て判断できるものです。

　単元の終盤になると，アキラ君自身は何度も膝伸ばしの練習をしていました。そして，「こんな感じかな」という内観（自分で自分を観察した状態）としての「できる」が感じられるようになっていました。ところが，これはあくまでも自分だけの感覚（判断）であり，本当にできているかどうかは自分だけではわかりませんでした。

　そこへ「今のはいいよ／今のはダメだよ」というマリさんからの客観的な評価が入ることによって，「この感じでいいんだな」「この感覚ではないんだな」と調整しながら練習をするようになりました。内観と他者評価を一致させようとしていたのです。個人内の感覚である内観は目には見えませんが，そこで表現された動きは目に見えます。この見えるものを他者が評価しフィードバックすることによって，内観と他者評価の一致が可能になるのです。このように自分の内観と他者評価を一致させようとする中で，少しずつできるようになるのです。

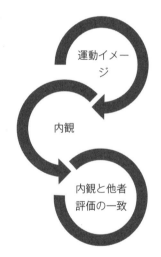

運動イメージ

内観

内観と他者評価の一致

「どうしてできたのか」を説明させる

　子どもの中にはそれまでの様々な運動経験から既にその動きができている子（すぐにできる子）も存在します。そういう子はもう学ぶことはないと自身で考えています。しかし，それは大きな勘違いです。その動きがどうしてできるのか説明できない場合が多いからです。

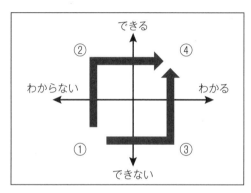

図14　わかるとできるの関係図

　図14をご覧ください。この図は「わかる」と「できる」の関係を表した図です。①はその技ができないし，ポイントもわからないという状態です。体育では④の状態を目指したいわけです。つまり，その技ができるし，どうしてできるのかポイントを説明できる状態です。しかし，①からいきなり④へ行くわけではなく，②③のどちらかのルートを辿ります。②は技ができるが，どうしてできるのか体の使い方といったポイントはわからない状態です。先程の子はここに属します。この子にとって必要なことは「どうして，できるようになったのか」ですから，友達の動きと自分の動きとを重ねながら，そのポイントを探ることになります。

　一方，③のルートを辿る子ももちろんいます。まずポイントを考え，それを基に練習をするという子です。振り返りの記述内容や授業中の発言などから，このような子を見取り，「運動は闇雲にやるのではなく，ポイントを意識して練習した方が効率よく身に付く」と全体に伝えます。たとえ最後まで動きができなかったとしても，こうした子の思考はかなり高まっています。

何のために協働するのか

Point

- ●協働の目的を子どもに伝える
- ●「わからない」と自分から言える関係づくりを促す
- ●「できるまでの時間」を子どもに伝える

協働の目的を子どもに伝える

　このように見ると友達との"関わり合いの意味"の存在に気付きます。よく，「協力することを大切にしたい」と言い，協働を重視した授業づくりを見かけます。しかし，何のために協働するのか，友達と一緒に活動することは「できる」に対して，どのような利点があるのかまで理解された上で協働を学習に位置づけている教師は少ないのではないでしょうか。そうなると，協働すること自体が目的になり，「友達と話し合っているからよし」となってしまいます。

　私個人としては，これまで見てきたように以下の点に協働の意味があると考えています。

- ・数ある課題から，その子の課題を絞り込む
- ・内観と他者評価を一致させる

　「できる」に向けて，このような目的で協働を促すことが大切と考えています。ただし，これまで述べてきたように子どもたちに「学び合う場」「見る視点（ポイント）」といった環境が用意されていなければなりません。「ポ

イントは全体で共有したよ。あとは互いに見てアドバイスしてあげてね」で
は子どもは何をすればよいかわからず，結局アドバイスできずに終わります。
「膝が伸びているかどうかを見る」という視点がはっきりしていれば，そこ
に意識を焦点化して見ますので，他者評価もできます。そして，この他者評
価をもって，内観とのズレを修正するのです。これは教師がもっているだけ
でなく，子どもにももたせたい視点です。この視点があるからこそ，子ども
は協働の意味を感じ，自ら学ぶ「手段」として協働を活用するでしょう。

　もちろん，ここには肯定的な人間関係，協力するクラスの雰囲気が土台に
なっていることは言うまでもありません。これらクラスづくりも同時に大切
な話になりますので，詳細を第5章にまとめておきます。

「わからない」と自分から言える関係づくりを促す

　アキラ君は単元前半は何をしてもできないことから友達に「教えて」と言
うこともありませんでした。単元後半になると次のようなやり取りがありま
した。

> ケンジ君「最初は膝を曲げていていいんだよ。踏み込んだら，そこからはず
> 　っと伸ばす感じだよ」
> アキラ君「よくわからないから，ちょっとやってみせて」

　よく，上手な子はたくさんの言葉を並べて教え，苦手な子は黙って実行す
る（教えてもらう）という一方的な関係を見かけます。しかし，一方的に聞
いていてもそれが本人の中で腑に落ちていなければ意味がありません。そう
ではなく，教えてもらう子が「なぜ？」とか「わからない」といった声を上
げることによって相互のやりとりが生まれ，それによって課題が絞られてい
くのです。しかし，いきなりそのような言葉は出せません（苦手な子はそれ

だけで負い目を感じています）。また，教師から「わからないと言えるといいね」と伝えても，そこには子どもたちにとっての人間関係の現実があるわけですから，あまり効果は期待できません。

「わからないから教えて」と言えるにはクラス全体で質の高い経験が求められます。それは，できるようになりたいという思いはみんなもっていることを知り，受け止めることから始まります。そして，できるようになるためにその子が懸命に考えたり，努力したりしている姿を認める機会が必要です。このように他者を認め，その子をできるようにしてあげたいと思える機会と時間が必要です。

実践では，ペアのマリさんは単元前半，技術ポイントをただ伝えるという「学習のための教え合い」でした。しかし，アキラ君のワークシートを読んだり，教師からアキラ君の努力を価値付けたりすることで，単元後半になるとできるようになってほしいというアキラ君への「願いをもった関わり合い」へ変化していました。自分のアドバイスによってアキラ君が努力を続けている姿やそれによって成長している姿を感じ認め，アキラ君にもできてほしいという願いに変化したものと思われます。

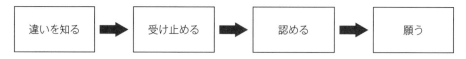

こういった互いを認める機会は学級経営が土台として大きな位置を占めていますので，第5章に詳細をまとめました。

「できるまでの時間」を子どもに伝える

図15はアキラ君の側転（4時間目以降）における技術認識と技能向上の想定図です。アキラ君の技能向上が見られたのは8〜9時間目ごろ（側転の授業開始からは5〜6時間目）でした。ポイントがわかったからといってすぐ

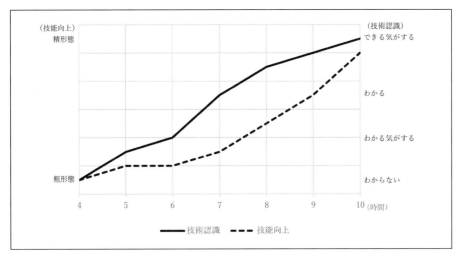

図15　アキラ君の技術認識と技能向上の想定（齊藤2019）

※技術認識（わかる）は金子（2015）を参考に以下の４段階を筆者が設定。
　「わからない」「わかる気がする」「わかる」「できる気がする」
※技能向上（できる）は学校体育研究同志会（2015）を参考に以下の２段階を設定。
　「粗形態」失敗を重ねながらやっとできる状態
　「精形態」修正，洗練，分化され確実性のある状態

にできるようになるとは限らず，そこには時間差があることがわかります。

　この時間の見通しを教師も子どもも認識していることが大切です。もし，この見通しがなかったら，子どもたちは簡単に結果が出ないことによって，「やってもできない」という諦めの気持ちだけでなく，関わり合うことの意味すら感じられずに終わってしまうでしょう。慌てず，じっくり時間をかけて学び合う必要性を子どもたちと享受したいものです。

振り返りを行う意味

Point

●振り返りは自分の立ち位置（課題）と見通し（解決方法）を書く

●単元終了時には「学び方」を振り返る

振り返りは自分の立ち位置（課題）と見通し（解決方法）を書く

「振り返りを書いていますが，単なる感想で終わってしまいます。何を書かせればよいのでしょうか」という質問をよく受けます。そもそも子どもが自ら学ぶわけですから，自分の今いる場所と目標（願い）を達成するための道筋をその子が改めて知る，これが振り返りを書く目的です。単に書かせればよいわけではありません。また，そのためには子どもが着目する視点や知識（これまでに本書に書いてきました）をもった上で振り返らないと，思考の拠り所がないままに何となく書くことになってしまいます。客観的な視点（知識）があるからこそ，それに対して自分はどうなのか振り返ることができるのです。以上のように考えるとポイントは下記のようになります。

①自分の課題は何か

②それを達成するために体のどこをどうすればよいか

③そのためにはどのような練習をするか

今回のアキラ君は「①僕は膝が伸びないことが課題です」と言っています。そして，「②手を着いたらすぐに膝に力を入れる」「③ゴムひもを使ったり，友達に見てもらったりする」と書いています。もちろん言葉だけでなく図に

描いて表現したいという児童もいますので，それも認めています。

　このように考えると振り返りはなにも授業の最後でなくてもよいことがわかります。授業の最初に振り返ることで今日，自分が何をすべきか見通しがもてますし，授業の途中に振り返ればこれまでの経緯から何が課題になっているのか把握することになります。「振り返りは授業の最後」という当たり前を捨て，子どもの思考の流れに教師自身が身を置くことが大切です。

　また，「振り返りを毎時間，行うことは必要ですか？」という質問をよく受けます。私は振り返りの必要性がある場面でよいと思っています。ですから，単元の最初，途中（２回），最後など分けて実施します。毎回，書くことで利点があるのであればそうすればよいと思いますが，もし，利点まで考えず，単に「そういうものだから」という認識であれば，それはマニュアル的に行っているだけですので，目的を考えるべきだと思います。

　さらに「授業中に時間を確保することは難しいです」という意見もいただきます。もちろん，授業中に書くことができるように時間配分をするのですが，実際にはその子の学びによって書く時間を運動時間にした方がよいという場合もあります。その場合，朝の「学級の時間」やちょっとした隙間時間に書くときもあります。

単元終了時には「学び方」を振り返る

　第２章（p.34）で体育特有の知識・技能と汎用的スキルの話をしました。体育特有の知識・技能，つまり側転が「わかってできる」ことも大切ですが，それ以上に汎用的スキル「課題解決力」「協働性」「主体性」といった「自分に合った学び方」を獲得することも大切であると考えています。

　そこで私は単元が終わると「技ができるようになるために，どのようなことが大切だと思いますか。どのようなことを工夫しましたか」と尋ねています。もちろん補足説明が必要ですが，慣れてくればこの程度の質問で子ども

はどんどん書き始めます。高学年になれば「どのような学び方が自分に合っていますか」と聞いたりします。

　大切なことは，「マット運動ができる」だけではなく，「マット運動を通して何が身に付いたのか」です。マット運動「を」教えるではなく，マット運動「で」教えるです。では，「何を教えるのか」ということですが，今回は協働の大切さと有効性を子どもに感じてもらいたかったので，ペアマットという教材をもってきました。子どもたちはマット運動を通して，協働の難しさと有効性，具体的に何をすればよいのかを学びました。「ポイントを知って練習する。ポイントができているか友達に教えてもらう」「困ったことがあったら友達に聞いてみる」など，その子なりの学び方を整理できるよう振り返りを書かせます。

　このペアマットを経験した子どもたちは，他の種目になってもポイントを考えてから運動に取り組んだり，困ったことを友達と相談したりしながら学習を進めていました。また，こういった汎用的スキルは体育だけではありません。他教科においても十分に役立っています。これを一年間，積み上げていくと，本当にすごいクラス，子どもたちになっていきます。

第4章

低学年で実現する子ども主体の学び
―1年生・走の運動遊び『ぐねぐね走』―

　「子どもに学習を任せることのよさはよくわかりました。しかし，それは中・高学年の話であって，低学年では難しいのではないですか」という質問をよく聞きます。

　私はこのような質問に対して自信をもって「いいえ，そんなことはありません。低学年でも十分に子ども主体の学びは実現できますよ」と答えています。

　先生方の中には，「これとこれの力を高めて，ようやく子どもは自ら学ぶことができる」と考えていらっしゃる方が意外に多いようです。この考え方は子どもにとって必要な資質・能力をロボットのパーツのように捉え，それらを組み合わせて，ようやく子どもは自ら学ぶものなのだという考えです。

　私はそうは思いません。子どもというものは，環境や条件（これらはここまでの章で説明してきました）さえ整えば，自ら問いをもち解決したいと試行錯誤を繰り返します。このような気持ちはむしろ低学年の子の方が強かったりします。

　しかし，そうは言っても低学年ならではのおさえるべき視点があることも事実です。そのあたりを中心にまとめます。

引き出したい動きを遊びの中に仕掛ける

ぐねぐねコースにすることで加速と減速の動きが自然と出てくるだろうな…

今回は走る時のスピードコントロールを学ばせたいな…

スピードアップ！

ブレーキ…！

ぐねぐねコース

子どもとともに授業を創る

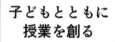

もっといろいろなコースを私たちも考えてみたい！

もちろんいいよ！1人ずつコースを考えてみようかそのいろいろなコースを次は走ってみようか

子どもにとっては遊び

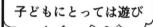

こんなコースはじめて！おもしろい！

よし、スピードコントロールの動きが出ているな！

教師にとっては意図した動きを体験させる学習

2本のラインでコースを作ることで動きの質を確保しよう

はみ出さないように走ろう

ちょっとくらいはみ出してもいいか

カーブで体を傾ける

傾けることはない

ラインカーを2つ持てばラクに引けるよ！

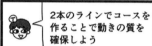

じゃあ、各コースを必ず1回は走ることにして、どれから走るかは自由にしよう

全て走り終わったら、好きなコースを走れるようにしようか

よし！

教師のねらいと折り合いをつける 譲れないところは譲らない

あとさ、今は列に並んで1人1回っていうルールなんだけど、これだとずっと待っててつまらないよね。どうする？

好きなコースを走れればいいんじゃない？

・ルールを考えられる
・運動量を確保する

動きのレパートリーを増やす（多様化）

だけど、難しいのがおもしろい！

むずかしい！

コースによって、引き出される動きの幅が広がる

これ、みんなが考えたコースだよ！

できるよ！見て見て！

よーし！じゃあ僕はつま先だけで走ってみようかな

さらに走り方も広げる

スキップで走れるかな？

えー!?　やってみる！

1つ、例を出して、あとは子どもに任せよう

見てほしい部位を伝える

みんな、A君の腕を見て！

注目

A君は腕を振っている！先生は…

先生の腕と何が違うのかな？

動きの比較でよりわかりやすくする

動きを洗練化する

腕をしっかり振ることを学ばせよう
腕がしっかり振れている子は…

よし、あの子にしよう…！

私もA君みたいに走ってみたい！

スゴーイ！

Good！

友達のよい動きはどんどん真似するといいね

飽きてきたら課題の難易度を上げる

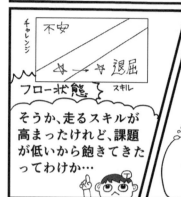

そうか、走るスキルが高まったけれど、課題が低いから飽きてきたってわけか…

あれ、コースをジャンプする子が出てきたぞ

そろそろコースを走るだけに飽きてきたかな？

私はまだぐねぐねコースがいいな

ジャンプコースがいいな！

みんなはどうしたい？

じゃあ、ジャンプコースと今までのぐねぐねコースの2つを用意して、選べるようにしよう

じゃあ、課題の難易度を上げればいいのか！

子どもがやっていたみたいにジャンプを入れてもいいな 競走にしたり、タイムアタックにしたり、スキップだけにしたり…も考えられるな

再び夢中になって遊び始める

私は今までのコースで楽しんでいたい！

ここでスピードアップしてジャンプ！

やってみたい！

教材の力を使って子ども同士をつなげる

だからといって言葉で「協力しよう」と言っても、あまり意味がないだろうな…

一人でできているんだから、協力の必要感もないし…

終わった さて、戻るか…

このカーブは難しいぞ…

一人一人はとても楽しそうだけど、なんだか一人だけで活動している感じなんだよなぁ…

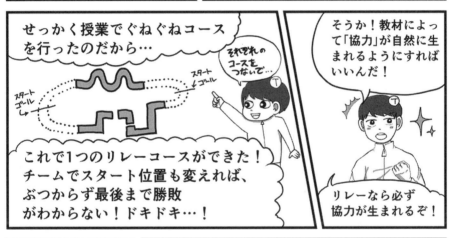

せっかく授業でぐねぐねコースを行ったのだから…

それぞれのコースをつないで…

スタート ゴール

スタート ゴール

これで1つのリレーコースができた！チームでスタート位置も変えれば、ぶつからず最後まで勝敗がわからない！ドキドキ…！

そうか！教材によって「協力」が自然に生まれるようにすればいいんだ！

リレーなら必ず協力が生まれるぞ！

リレー教材の力で子ども同士がつながってきたな…

がんばれ！

もっと腕を振って！

いけー！

教師の引き出したい動きを
遊びの中に仕掛けておく

　１年生の実践です。私はこの学習で子どもたちに「走るときのスピードコントロール能力を高めたい」と考えました。そこで，様々な走り方が出てくる場を設定しようと考えました（右図）。

　子どもたちはコースを見た瞬間に大興奮です。早く走りたいという声が聞こえてきます。走り終わったらコースの外を回って帰ってくること，「終わったよ」と次の人に伝えるなど安全面を指導すると，さっそく，遊びスタートです。

　カーブではスピードを緩め，直線になると再びスピードを上げます。競走ではないので，その子のペースで走ることができます。また，腕を大きく振って走る子や細かくステップを踏んで加速しようとする子など，このあと取り上げたいなと思う子たちがたくさん見受けられました。

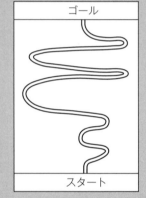

　２時間目終了時に子どもたちとどのように授業を進めていくか話し合います。何をしたいか聞かれた子どもたちは「もっと色々なコースを自分たちで考えてみたい」「競走がしたい」と伝えてくれました。「じゃあ，次回はみんなが考えたコースで走ってみようか」「うん！　私はね……」とさっそく，コースを発表してくれます。各々ワークシートに記入し，それらの中から教師がコースを選んで体験できるようにしました（図16）。さらに，「それと，チームで一度走っただけで終わっちゃうのももったいないよね」と聞くと「何回も走りたい」と返ってきたため「そうだよね。じゃあさ，１回という話ではなく，３分間で何人走れるかというルールにしようか」「それがい

い！」となりました。詳細は後述しますが，こうすることで運動量の確保を行いました。

図16　子どもたちが考えたコース

さらに，「それと競走はリレーという形で行うこともできるよ」と伝え，図17のようなリレーのコースを紹介しました。前半に走っていた2コースの先をくっつけて一周できるコースにします。コースの両端からそれぞれのチームがスタートします。安全面の確保のため，コースの内側にチームの子たちは待機します。一周してスタートラインまで来たら交代です。ただし，次の走者がずっとコース上で待っていると，相手とぶつかって危険な

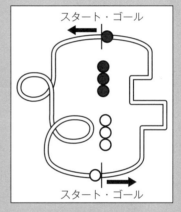

図17　リレーのコース

ので，次の人はスタート位置の少しだけ内側に待機させます。

このようなリレーであれば今，どちらが勝っているのかわかりづらく，誰が遅いのかもわかりません。さらに，私が意図しているスピードコントロールも遊びながら身に付くことになります。なにより準備が楽です。

次の時間，子どもたちは自分たちで考えたコースを夢中になって何度も走っていました。よく観察すると，カーブや方向転換の所でスピードを落とし，直線になると加速する様子が見られました。授業の最後にそれぞれのコースをくっつけて，リレーコースをつくりました。よっぽど面白いのでしょう，「先生，まだまだリレーやりたい」という声があちこちから聞こえました。

子どもにとっては遊び，教師にとっては学習

Point

- ●場の設定によって動きを引き出す
- ●教具によって動きを引き出す
- ●教材や技術によって子どもをつなぐ

場の設定によって動きを引き出す

　低学年の体育は「走の運動遊び」など，遊びという言葉が付きます。遊びなのですから，子どもが「やってみたい」「挑戦してみたい」と夢中になって取り組む姿を目指しています。そこには「これができるようになるために」という目的はなく，「ただ楽しいからずっと続けている」だけなのです。

　ただし，子どもにとっては遊びなのですが，教師にとっては学習です。そこには必ず「引き出したい動き」があるはずです。その引き出したい動きが事前にあり，遊びの中で自然と出てくるかを検討しなければなりません。

　このように遊び（学習）を捉えると，低学年の体育は下のような姿が理想です。

> 楽しいから何回も遊んでいたんだ。
> そうしたらね，いつの間にか，その動きができちゃった。

　本時では，スピードをコントロールするために加速では腕を大きく速く振ることや細かいステップを踏む動きを引き出したいと考えていました。さらに，カーブのときは体をカーブの内側に少しだけ倒すと走りやすいことも体

験してもらいたいと思っていました。そこで，①カーブのあるぐねぐねコースを用意，②1本ではなく，2本のラインを引きました（ラインカーを両手に持ってラインを引くだけなので簡単です）。緩急のあるコースによって加速，減速の場面が出てきます。そして，2本のラインによって視覚的にコースからはみ出さない意識が生まれます。このたった1本のラインがあるだけで子どもの動きは大きく変わってきます。

　さらに，走りづらさもぜひ経験してもらいたいと思い，子どもの考え出したコースの中でも走りづらいだろうなと思われるコースをあえてつくりました。走りづらいコースで培った感覚が，中・高学年の走りやすさ，心地よい走りにつながると考えているからです。

教具によって動きを引き出す

　本実践では教具は特に使用していませんが，教具も子どもの動きを引き出すために重要な要素です。例えば，片手でボールを投げる動きを引き出したいと考えているとします。このとき，ドッジボールのような大きさのボールを使ったらどうでしょうか。子どもの小さな手にはドッジボールのサイズは大きすぎるため，ボールを握るというよりも手のひらにボールを乗せる動きになってしまいます。そして，ボールを手のひらから落とさないように投げなければならないため，投げるときに肘が上がらず，肩よりも肘を下げたまま投げることになります。

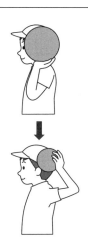

　一方，ボールを一回り小さくし，さらに素材もスポンジのような子どもの力でも握れるものにしたらどうなるでしょうか。ボールが握れるのですから，肩よりも肘を上げて投げるという本来の投げるフォームが可能になります。

また，もしボール投げゲームを行っていて，相手の守備者が来る前に素早くボールを投げたいと考えたとしましょう。このとき，握れるボールを使用した方が，キャッチしてすぐにボールを耳の後ろに持ってくることが可能になり，時間の短縮になります。

　教具による動きの引き出し方の工夫はまだまだあります。砂場の手前にブルーシートを敷いて，「これが川だよ。落ちないように跳び越えよう」と言えば，シートを跳び越える動き（走り幅跳びの動き）が自然と出てきます。

　また，跳び箱の着地位置にケンステップを置けば，その中で静止できるようにふわっとした着地の動きが引き出されます。ケンステップを近い方から順に3つ並べておけば，子どもはより遠いケンステップに着地しようとするでしょう。そうなると自然と勢いのある大きな開脚跳びの動きが引き出されます。

　この他にもたくさんの工夫があります。まずはどのような動きを引き出したいのかを考え，その動きが出てくるように教具で条件付けしてみてください。

教材や技術によって子どもをつなぐ

　体育の教科特性としてよく挙げられるのが「協働」です。確かに体育はスポーツを教材にしており，スポーツそのものには協働の特性が内在しています。しかし，だからといって何もせずに協働が生まれるかというと，そうではありません。特に低学年の場合，「自分と教材」「自分と先生」というように自分中心に世界を見る傾向が強いですから，こちらから協働が生まれる仕掛けが必要になります。そこで着目するのが教材と技術です。

　子どもと他者をつなぐものが教材です。最初の段階では「自分と教材」という認識であったとしても，教材の特性（競走，協力）によって「自分と友達と教材」という認識になっていきます。

本時では最初，ぐねぐね走を楽しむ自分がいました。子どもたちは上手く走れたことを教師に嬉しそうに伝えてくれました。きっとその子の中で「このカーブは難しいぞ」など，個人で教材と向き合っていたのでしょう。

その後，リレーという教材に出合いました。リレーの特性として，友達との協力が勝敗につながります。それにより「いいぞ！　その調子！」「頑張って！」など友達に目が向いたのです。これは，リレー教材の特性が友達の力を必要とするものだからこそ，他者という存在に気付けたというわけです。

一方，技術も子ども同士をつなげる重要な役割を果たしています。「もっと腕を振って」など，技術を通して子どもたちは他者とつながり，関係性を築いているのです。

協働を教師は願います。しかし，直接的に「協力しなさい」と言っても，頭ではわかっているが，なかなか行動に移せない子もいます。そうではなく，教材や技術を媒介にして協働する意味や素晴らしさに自然と触れる（触れざるを得ない）ことで，自分事としての協働の必要性にたどり着けるのです。

体と頭をフル回転させる

Point

- ●運動量と運動の質を確保する
- ●頭も同時に働かせているかを見る

運動量と運動の質を確保する

　低学年に限らず運動量の確保が体育学習では重要だということはよく言われています。しかし，どうやって運動量を確保すればよいのでしょうか。実はちょっとした工夫で運動量が高まります。

　例えば折り返しリレーでは，その多くが１人１回走り，走り終わったら順番に並んで座って待つというものです。これではせっかく遊びの場があるのに１回で終わってしまいます。そうではなく，「３分間で何人が走れるか。走れた人数で競走しよう」としたらどうなるでしょうか。こうすれば何度も走ることになるので，一人ひとりの運動量が確保できます。この他にもゲーム領域であればチームの人数を減らすことや，器械運動領域であれば練習の場を多く設定することなどちょっとしたことで運動量は増えます。

　ただし，運動量の確保のために何でもかんでもとにかく動いていればよいという訳ではありません。その時間（単元）に引き出したい（ねらいたい）動きが繰り返し出ているかが重要です。わかりやすいのがベースボール型です。教師は運動量を確保するために「みんなで集まってアウトにする」というルールを用いたりするのですが，本来であれば走るのではなく，「投げる」「キャッチする」の動きが多く出てきてほしいわけです。つまり，運動量は

「量」と同時に「質」も求めていかなければならないのです。今回の実践で言えば、ラインを2本にすることでカーブ時の体の傾きという質が保障されています。

　動きの質で言うと、低学年の子は、最初は丁寧に動きを行いますが、慣れてくると動きが雑になります。その場合、何か新しい条件を付け加えることで動きの質を保障します。本実践でいえば、「コースから外は川になっているから落ちずに行けるかな」と伝えました。すると、子どもは落ちないようにコースを慎重かつスピーディに走っていました。

頭も同時に働かせているかを見る

　体育における主要な場面は表11の通り4つと考えられています。①②の時間はできるだけ短くし、③④の学習場面に多くの時間をかけたいわけです。そのためにマネジメントの工夫が必要であることは第2章で述べた通りですが、運動量を確保するだけでなく、④の認知学習場面も充実させたいと常に考えています。ただ単に「たくさん運動してよかったな」ではなく、その運動について思考を働かせているかどうかも注目してもらいたいです。勢いのある体育授業は③と④の場面が多いと言われています（高橋2003）。

　このように考えると、実際に動いてはいないのだけれど、隣にいて友達にアドバイスをしている子も非常に重要な時間を過ごしていると言えます。そうなると、体育の見学者の扱いも変わってきます。もちろん、体調が優れないなどの理由は別ですが、軽い怪我をして運動ができない子は、実際に体を動かさずとも、アドバイスをすることで④の認知学習はできるわけです。

表11　体育の主要な授業場面　※高橋ら（2010）より

①インストラクション場面（教師の指導場面、説明や指示） ②マネジメント場面（移動、待機、準備、片付け） ③運動学習場面 ④認知学習場面

多様化と洗練化，どちらを目指すのか明確にもつ

　単元後半になると自分たちが考えたコースを走ってよいわけですから，子どもたちは楽しくて何度も挑戦します。「このコースはＡさんのコースだよ」など，誰がつくったコースなのかも子どもはちゃんと把握しているのです。

　私はスピードをあげるための動きを洗練化させたいと思っていたので，途中，見本となる子に走ってもらい，その動きをみんなで見ることにしました。しかし，せっかくの見本も子どもによっては何となく漠然と見てしまいます。それに教師が本当に見てほしい体の部位とは違うところを見ているということもよくあります。そこで，「Ｂ君の腕の動きと先生の腕の動きを比べて見ていてね」と伝えました。つまり，比較です。着目すべき体の部位を指定し，さらに２つの動きを比べて違いを見付けます。これなら子どもたちはお手の物です。教師はわざと腕を振らずに走ります。すると「Ｂ君は腕を大きく振っていたけれど，先生は全然腕を振っていない」という意見が出されます。「じゃあ，Ｂ君の真似をしてみよう」と言い，子どもたちの腕の振りが大きくなっていきました。

　このころになると，少し飽きてきたのでしょうか。中にはぐねぐねのカーブとカーブのところをジャンプして渡ろうとする子が現れ始めました。読者の方々はこういうとき，どのようなことを思われますか。私は「きっと，子どもはこのコースでは飽き足らず，もっと難しい課題に挑戦したいと考えて

いるのだろう」と感じました。そこで「それ，面白いね。みんなでやってみようよ」と伝えました。すると，真似をしてジャンプで渡ろうとする子が多数出てきます。もちろん，これまでのようなカーブで走ることに夢中の子もいます。

「先生，今度のコースはジャンプありのコースにしない？」「うん，いいね。じゃあ，それも踏まえて考えてみてよ」と伝えました。そして，ジャンプ付きのコースができあがると，子どもたちは再び夢中になって遊び始めます（右図のようなコースを4種類用意しました）。カーブして加速して，そのままジャンプするわけですから，様々な動きが1つのコースに散りばめられています。

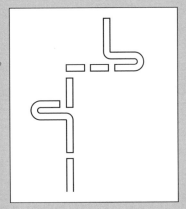

図18　ジャンプありコース

さて，話は変わりますが，毎時間の最後に各コースをつなげてリレーを行いました。授業の最初に行う「ぐねぐねコース」では1人で遊んでいた子も，ここでは「頑張って！」「もっと手を振って！」などチームの友達に対して大きな声で声援やアドバイスを送っていました。友達の動きをずっと目で追いながら，自分のことのように必死になる姿が見られました。

そして，リレーが終わると「先生，Cさんがね，すごく速かったんだよ」など，友達の素晴らしさを誇らしげに話す姿が見られました。1年生ですから，もちろん勝った／負けたによるトラブルもあります。中には「私，ちょっと言いすぎちゃったから，謝ろうと思うんだけど……」と話してくれる子もいました。

このように見ると，リレーという教材を通して子どもは他者に目を向けようとしていることがわかります。もちろん，そこではぶつかり合い，失敗することもありますが，それらを乗り越えながら，少しずつ友達との距離感を学んでいるのだなと感じます。

子どもの遊びと教師の指導事項

Point

● 多様化と洗練化を視野に入れた計画を立てる

● 見本になる動きを見せる

● 飽きてきたら，課題の難易度を１つ上げる

多様化と洗練化を視野に入れた計画を立てる

　低学年体育を考えたとき，私は多様化と洗練化を特に意識しています。多様化とは動きのレパートリーを増やすこと，洗練化とは，その動きをよりスムーズに行えるようにすることです。図19は多様化と洗練化の関係図です。④は様々な動きを経験していて，さらにそれらの動きが洗練化されている状態です。教師としては図の④を目指して単元を計画したいとこ

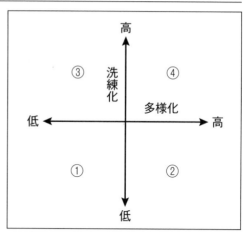

図19　多様化と洗練化の関係

ろですが，いきなり到達するのは難しいです。また，その単元だけという短い期間ではなく，１年間，もっと言えば２年間で④にたどり着けるように中長期的に計画を立てる必要もあります。

そこで，①→②→④のように，先に様々な動きを経験することで体を動かす楽しさを感じられるようにし，それらの動きの中から１つを選び，よりスムーズにできるように友達の動きを真似したりして洗練化を図る単元の構成が考えられます。一方，①→③→④など，ある動きを先に洗練化させた上で，それに似た動きを子どもから引き出し発展させるという構成も考えられます。

　教師は多様化と洗練化の図を常に頭に入れておきながら，子どもの事実をよく見て，どのような単元を組んでいくのか検討していくわけです。また，授業中も「今回は多様化だから『ほかにどんな動きができるかな』と問うてみよう」「今回は洗練化を図りたいから『Ａさんの真似をしてみよう』と話してみよう」など，何を目的にするか整理しておくことで，子どもの見取り方が変わってきます。

見本になる動きを見せる

　低学年の大きな特徴の１つは「真似することが大好き」です。小さい子が大人の真似をしたがったり，○○ごっこをしたりするのは，真似をしてみたいという欲求があるからです。先程の多様化や洗練化を図る際に，この真似をするという特徴を生かさない手はありません。

　よい動きを教師が見取り，それを全体に広げ，真似をさせたいと考えたときに「モデル指導」をよく実施します。これは途中で全員を集め，見本の動きを見せつつ，ポイントを共有するというものです。

　しかし，ただ漠然と「どこがよいか見てください」と言っても，子どもは動きの全体像を見てしまうので，どこがよいのかなかなか焦点化できません。さらに，動きは一瞬ですので，見て理解することそのものが非常に難しいのです。そこで「腕を見ててね」と見るべき体の部位を指定します。また，本時のように「Ｂ君の腕の動きと先生の腕の動きの違いを見てね」と比較することもよく使います。比較は子どもにとって身近であり，間違い探しのよう

な感覚で興味をもって見ようとするからです。もちろん，動きの上手な例を子どもに任せ，教師は上手くできない例を示します。比較しやすいように明確に違いを示すとよいでしょう。

　体のどこをどのようにすればよいのか明確になった子は，上手な動きを真似しようと夢中になります。真似をするという低学年の特徴を動きの洗練化に取り入れるというわけです。また，動きが一瞬で見えづらいというときにはICTを用いて，スロー再生して見せるなど，ICTの強みを生かすことも考えられます。

　教師は多様化なのか洗練化なのかをもっておくことで，「誰をモデルにするか」が見えてきます。教師も漠然と見ていたのではモデルになる子は探せないのです。

飽きてきたら，課題の難易度を１つ上げる

　低学年に限らずフロー状態という言葉をよく耳にします。これはその子の今現在のスキル（技能）とチャレンジ（課題）のバランスがちょうどよく，夢中になれる状態のことを言います（図20）。

　スキルが高いのに求められているチャレンジが低いと「退屈の状態」になり，逆にスキルが低いのにチャレンジが高い場合は「不安（恐怖）の状態」になります。どちらもパフォーマンスを低下させてしまいます。自分のスキルに対して「ちょっと背伸びすればできるチャレンジ」になると，子どもは夢中になって取り組みます。

　本時では，何度もコースを走っているので技能が高くなったにもかかわらず，与えられているコース（課題）は変わらないため，だんだんと活動そのものに飽きている状態（フロー状態から外れる，図の矢印①）でした。

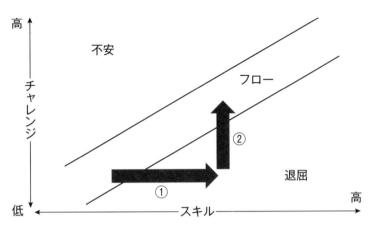

図20　フローの図（チクセントミハイ）
※図中の矢印と番号は齊藤が加筆した

　そのようなとき，子どもが偶然にもコースを跳び越える動きを発見しました（やはり子どもは遊びの天才です）。そして，教師がそれを認めたため，課題が難しくなりました（図の矢印②）。技能の高さに伴い，求められる課題も難しくなったため，再びフロー状態に入ったというわけです。

　このように子どもを見取りながら，技能と課題の状態を把握しつつ，そのバランスを考えることが大切です。

第5章

子ども主体の学びを実現させる学級づくり
―年間を通した取り組み―

　ここまで，「子どもが学ぶ」を大切にしながら，そのための環境設定をどのようにすればよいのか述べてきました。しかし，それは体育の授業だけで成立するものではありません。他の教科教育や生活場面，もっと言えば全ての教育活動において少しずつ土台を築くことが必要です。さらにそれらは年間を通じて耕されるものです。

　例えば「子どもが問いをもつ」と書きましたが，目の前の子どもにいきなり「問いをもちなさい」と言っても通用しないでしょう。問いとは何かを理解し経験する中で，

　「このように考えればいいんだな」「体育でも同じように考えられるな」という考えに至ります。

　このような話をすると「年間を通してどのようにクラスを創ってきたのか教えてほしい」と，多くの先生がおっしゃいます。そこで，本章では年間を通して（子ども主体の土台となる）クラスをどのように創ってきたのかをまとめます。ですから学級経営の話や他教科にも話が広がります（体育の本なのに？と思われるかもしれませんが，ご勘弁ください）。

　大切なことは，そのまま真似をするのではなく，ここに書いたことを基に，その本質（エキス）を抜き取り，ご自身なりの方法を考えることです。教師の数だけアプローチの仕方はあります。だからこそ，これからの時代は「他からの知識を咀嚼し，自分の環境に適合させる力」が，教師に求められているのです。

安心して意見が言えるクラスの雰囲気をつくる

Point

● 子どもと同じ立ち位置になる
● 人のよい面に目を向ける
● 褒めるではなく，価値付ける
● 間違いや失敗から学ぶ姿勢を見せる
● 教師としての覚悟を示す　―共同探究者としてともに学ぶ―

子どもと同じ立ち位置になる

　教師というと，子どもに弱さを見せてはいけないとか，常に完璧を求めなければならないといった印象をおもちの読者もいると思います。しかし，常に完璧であり，強い存在感を醸し出している教師に対して子どもは身構えてしまいます。そして，「間違ったことは言えないな」「自分の本音を言いづらいな」と感じてしまいます。

　これに対して，私は常に子どもと同じ立ち位置でいようと考えていました。教師の苦手な姿や失敗することなど「弱さ」も子どもに見せてきました。教師も完璧ではない，みんなと一緒に悩み成長したいと思っていることを伝えます。失敗談も前向きに語ってきました。すると，子どもたちも「この先生は教師という立場でなく，人として付き合おうとしているんだな」と共感をもってくれるようになります。こうなると「こんなことを言っても，きっとこの先生なら受け入れてくれるだろう」「間違っても大丈夫」と自分をさらけ出してくれます。

　もちろん，ずっと弱さを見せていたのでは子どもも不安になりますから，

強さと弱さのバランスは必要です。ここぞというときには，強さを示し，場を引き締めることもします。教室に流れている雰囲気を感じながら緩やかさと緊張のバランスを調整してください。

【強さ】	【弱さ】
・理想とする姿	・飾らない姿
・正義感	・苦手な姿
・正論	・葛藤する姿

・本音が言いづらいな。　　・こんなこと言ってもいいんだ。
・正しいのはどれだろう。　　　　　　　・間違っても大丈夫。

> この先生は人として付き合おうとしている。
> 緩やかさと緊張のバランスが心地よい。

人のよい面に目を向ける

　子ども主体の学びの実現のためには子ども同士が互いを認め合える関係でなければなりません。そうではなく，誰かの失敗を責めるような関係では，子どもは自分の願いや問いを追究することを躊躇します。そして，誰か他の人に合わせ，できるだけ目立たないように過ごすことになります。私は「友達を認めること」を学級経営上の最も重要な視点と考えています。一人ひとりの価値観を認め合う関係が土台にある上で，自分なりの願いや問いを安心して追究することができます。このことを伝えるために，「人のよい面に目を向けること」を学級開きのときからずっと継続して伝えます。

　人には必ず長所もあれば短所もあります。短所は非常に目に付きやすいものです。短所ばかりを見ることに慣れている子は「またあんなことをやって

いる。困ったものだ」と不平不満を毎日言って過ごすことになります。一方、「あの子はここがよくないけれど，こんな点は素敵だよね」と，よい面に目を向けると自分も友達も心地よく生活することができます。「どちらの見方が，自分にとっても友達にとっても幸せな生き方になるかな」と聞いたりもします。

どちらに目を向けるか

　しかし，言葉による説明だけでは漠然としているので，理解があやふやなままです。そこで，私はすぐに授業場面や生活場面を使って，どういうことなのか具体的に伝えます。体育では友達のよい点を付箋に書き，それを掲示します。また，授業後や帰りの会などでも友達のよい面を伝えます。そこでは子どもだけでなく，（後述しますが）教師からも伝えるように意識しています。

　また，座席表にメモを取ると，書かれていない空欄の子がわかります。ですから次の日はその子を中心に観察するようにしています。空欄になりがちな子は教師の目がなかなか向いていない子であることも自覚できます。

体育：友達のよさを掲示する

座席表で，子どものよさを記録する

130

褒めるではなく，価値付ける

　私が意識してきたのは褒めるではなく「価値付ける」です。ほぼ毎日，朝や帰りの会，授業中のちょっとした時間に，その子の何がよかったのかを全体に伝え，価値付けます。

　例えば，「A君なんだけれど，体育の時間に自分から友達に教えていたんだよね。自分のことだけでなく，友達のために動ける人がクラスにいることが素敵だなと思ったよ」とA君の行動を価値付ければ，本人も周囲もA君の何が成長したのかを感じられます。また，目指す児童像をいちいち言葉で説明しなくても，子どもを価値付けることで間接的に伝えることができます。

　また，表面的でわかりやすいことばかりではなく，その子の内面の変化を見取り，価値付けるようにもしています。「Bさんは諦めずに努力することをずっと目標にしていたことを先生は知っている。今日，Bさんが一人黙々と練習している姿を見て，なりたい自分に近づこうとしているなと感じた」といった具合です。

　さらに「みんなは人前で泣くことを恥ずかしいと感じているかもしれない。しかし，今日，Cさんがゲームに負けて流した涙は，それだけCさんが真剣に取り組んだ証拠。先生はかっこいい涙だと思う」など，周囲の価値観とは違う見方をすることで，その子の言動を価値付け，背中を大きく押してあげることもできます。

　一方，多くの子を価値付けるために，私はあえて「子どもを観察する時間」を設けています。昼休みは丸付けなどはせず，机ではなく子どもの方に顔を意識的に向けるようにします。そうすることで，意識してその子の成長や言動の裏にあるものを捉えようとする気持ちになります。

間違いや失敗から学ぶ姿勢を見せる

　子ども主体の学びは間違いや失敗の連続です。それをいちいち咎められてしまったら，その子の挑戦しようとする気持ちは蓋をされてしまいます。

　私は「間違いや失敗を笑うことは絶対に許さない」と学級開きから継続的に指導しています。ここは絶対に譲れない教師の強さの見せ所です。間違いを笑われてしまう環境では子どもは自ら問いをもったり，自力解決しようと思ったりしません。チャレンジする気持ちを保障するためにも，失敗に対する見方を変える必要があります。

　例えば，誰かが間違えた答えを言ったとき，読者の方々はどのような反応を示すでしょうか。私はなぜ間違えたのかを全員で検討します。そして，間違えてくれたことで，また1つみんなが賢くなったことを伝えます。正解だけが飛び交う授業なんてつまらないとも伝えます。TVドラマだって上手くいかないことがあり，それをどう乗り越えるかが見ていて面白いわけです。何も起きない平和なドラマなど，退屈で仕方ありません。授業も同じです。上手くいかないことがあるからこそ，学ぶ意味があるし，みんなで考える必要性が出てくるわけです。

　体育は失敗の連続です。跳び箱を何度やっても跳べない子もいます。そのようなとき，どうしたらよいのかを考えることにこそ，体育の学習の意味があるのです。また，このように考えると，間違いや失敗といった概念自体，そもそも存在しないのではないかとさえ思えてきます。

　子どもの失敗に対して私自身がかなり敏感になっていると思っています。アンテナを高く張っておくことで，周囲はどう反応するのか，教師としての自分はどう出るべきか考えています。

　こうした教師の感覚は子どもにも伝わり，失敗に対する見方が変わってきます。

教師としての覚悟を示す　―共同探究者としてともに学ぶ―

　子どもたちは，それまで受けてきた授業によって「授業とは先生が教えてくれるもの」というイメージをもっています（もちろん，前担任が子ども主体の学びを行っていれば話は別です）。これをひっくり返し「自分で学ぶことが大切なんだ」とするために，年度当初に授業の進め方の話をします。

　「君たちが学びの主役。あなたがやってみたいと思ったこと，考えてみたいと思ったことをとことん追究できる授業だったら面白くない？」このような話をすると，子どもの目が輝いてきます。「これからは自分で学んでいかなければならない。でも，自分で進める学習だからきっと楽しいと思うよ」と話します。もちろん，教師は必要があれば支援するということは，保護者の方にも保護者会や学級だよりで丁寧に伝えます（詳細は pp.140〜）。

　そして，「先生もみんなと一緒に悩み，あれこれ考える仲間として一緒に授業を創りたい」と話します。これまでは子どもだけが教材に向き合い，教師はそこに指導を入れるというイメージから，ともに教材に向き合い，ともに悩む共同探究者であることを示します（図21）。

　子どもの目線に立つこと，一緒に授業を考えること，こういった教師の本気，覚悟を伝えるのが学級開きです。

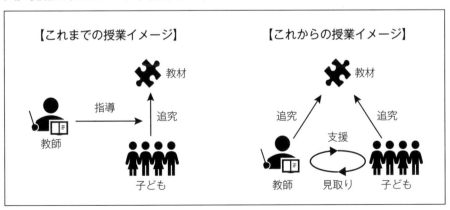

図21　子どもに提示する図　※藤田（2022）を参考に齊藤が作成

学び方を教える

Point

- ●問いとは何かを教える
- ●学び方の引き出しを増やす
- ●自主学習ノートで学び方を教える
- ●合意形成の進め方を伝える

問いとは何かを教える

　子ども主体ということは，子どもが自らの問いをもって進めていくことと先に書きました。しかし，いきなり子どもに「問いをもちなさい」と言っても「え？　何をすればいいの？」という話になります。どういうものを問いと言うのか，それはどうやって生まれるのかを教え経験させる必要があります。

　学級開きで「自分で問いをもって進めていく授業を目指す」と子どもに宣言し，説明したのであれば，次に行うことはそれを具体的な姿で示すことです。1学期は特に自分事の問いをもつことを意識させます。体育であれば，丁寧に願いを尋ねることから始めます。

　例えば走の運動であれば「この学習を通してどんなことができるようになりたいかな？」「もっと速く走れるようになりたい」「じゃあ，どうすればもっと速く走れるようになると思う？」「うーん，どうすれば速くなるんだろう」「そうやって，自分はどうすれば速くなるんだろうって思うことが大切なんだ。それを問いって呼ぶんだよ。自分の問いを解決するためにポイントを発見したり，実際に走って試してみたりするといいよね」と価値付けます。

学び方の引き出しを増やす

　自分事としての問いをもった子は解決のために実際に行動を起こします。その際，ペアで話し合う経験があればペアをつくるでしょうし，ワークシートにまとめることで解決した経験があればそのように進めるでしょう。子どもは経験したことや見たことを基に解決を図るわけですから，より選択肢を増やしてあげることも大切なことです。

　表12は教科全般における学び方の選択肢を私なりにまとめてみました。これを体育に汎用させるとどうなるでしょうか。学習形態はそのまま使えます。ペアで行いたい子，グループで行いたい子，教師と一緒に行いたい子で選択します。思考する教具は様々なものが

表12　教科全般における学び方の選択肢

- ・**学習形態**
  個人，ペア，グループ，全体，対教師　等
- ・**思考する教具**
  教科書，PC，具体的操作物，本や資料　等
- ・**整理するツール**
  ノート，ホワイトボード，黒板，PC，ワークシート　等
- ・**整理する方法**
  文章，図，対話　等

考えられます。例えば，マット運動であればもう1枚マットを増やす，坂道マット，紅白玉（着手の位置を知る）などです。それぞれ，自分の課題に適したものを選べるようにします。思考ツールや方法ですが，例えばゲームで作戦をノートに書いてくる子もいますし，実際に動きながら確認する子もいます。

　大事なことはその子が自分に合った方法を，目的（根拠）をもって選択することです。「側転の膝伸ばしができるようになるために」という目的があるからこそ，「タブレットで撮影してみようか」と選択ができるわけです。目的（根拠）がはっきりしないのに選択はできません。

自主学習ノートで学び方を教える

　最近，自主学習ノートを宿題に出している教師が増えてきたように感じます。非常によい傾向だなと思っています。しかし，よく見ると「教師用の本に書いてあったから」というように，ただやり方を真似しているだけのように思えてなりません。そうなると，子どもも「何を書けばよいのか困る」となります。方法をそのまま真似したのでは上手くいかないのです。その根底にある「何のために」まで捉えていないと，継続は難しいです。

　私は「自分の成績に自分で責任をもちなさい」と伝えています。自分は何がわかっていて，何がわかっていないか，さらに自分はどのように学ぶのがよいのかを考えるために自主学習ノートに取り組ませています。

　とはいえ，私も同じような悩みをもっていました。そこで，教師からのコメントの中身を変えることにしました。情意面「頑張っているね」「すごい」以外に，ときには「これはどうなっていると思う？」など内容に触れ，新たな問いや視点も書くことにしました。「このように学ぶといいよ」とその子に合った学び方を伝えることもあります。私はコメントを毎日入れるので非常に大変ですが，教師もその子を伸ばしたいという本気を見せる必要があると思っています。

　体育においても自分の課題をまとめたり，家で練習したことを書いたりしています。なかには家で動画を見てポイントを予習したという子もいます。ゲームの学習をすれば，家で作戦をゆっくり考えてきたという子もたくさん見られます。

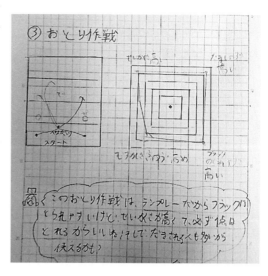

合意形成の進め方を伝える

　体育に限らず，教室ではよく物事を1つに決める場面があります。当番活動やお楽しみ会の内容まで様々です。体育においても，ルールをどうするか，どういった流れで進めるかなど多くあります。

　クラスにはいろいろな価値観をもった子どもたちがいるわけで，全ての子の賛成を得て，合意形成が行われることはほぼありません。ですが，希望通りにはならなかったとしても，全員の納得を得ることは可能です。話し合いで大切なことは，どうやって全員が納得できるようにするかです。

　私が意識していることは，それぞれの意見を大切にすることです。意見を大切にするということは，意見を出してくれた子を大切にすることでもあります。ですから，いきなり多数決ではなく，まずはじっくりとその意見に全員で耳を傾けます。その際，否定的に聞くのではなく，共感的に受け止めながら聞くよう指導しています。その上で，下記の視点で話し合いを行います。

・それぞれの願いが叶う新しい方法はないか
・それぞれの意見を合体させることはできないか
・願いが叶えられる別の機会はないか

　例えば，ベースボール型のボールの大きさを決めるときのことです。「小さいボールの方がよく飛ぶからこれがいい」「でも，大きなボールの方が苦手な子も打ちやすいんじゃない？」「えー，苦手な子が楽しむのも大事だけれど，得意な子も楽しめるようにしたい」「じゃあさ，自分でボールを選べるようにすればいいんじゃない？」といった具合です。自分の主張を押し通すのではなく，相手に合わせて柔軟に変える大切さも伝えています。

評価の見方を変える

Point
●教師の見方を変える
●保護者の見方を変える

教師の見方を変える

　まず，評価には大きく３つあります。その学習の前にどのくらいの理解が
あるのかを見取るための評価（診断的評価）と，授業中にどのように学んで
いるのかを見取る評価（形成的評価），そして，通知表など最終的にどのく
らいの力がついたのか示すための評価（総括的評価）です。ここでは形成的
評価と総括的評価について話をします。

　教科教育の場合，多くの先生が評価テスト（いわゆる紙のテスト）を実施
され，それを評価にしていることと思います。もちろん私も同じです。しか
し，これだけでは「結果が全て」という印象を子どもに与えてしまうと私は
危惧しています。本書で書いている子ども主体の学びがなぜ必要なのかとい
うと，これからの予測不可能な時代を生き抜くために，自分で考え行動を起
こす力が必要であり，それは課題に対して，（失敗も含めた）試行錯誤を繰
り返す過程を大切にしましょうということです。それなのに最後の評価テス
トだけを行い，できた／できないで評価するのは少し違うのではないかと思
うのです。最後の評価テストはあくまでも結果であり，その過程は評価され
ていないことになります（私は評価テストによる評価を否定しているのでは
ありません。それは１つの判断材料ではあるが全てではないと言っているの

です）。大事なことは，その子が自らの立ち位置を知ることですから，教師は評価という方法を使って客観的にそれを助言しているに過ぎないのです。

　そこで私は評価テスト以外に授業中の発言（ペアやグループで話し合っている場面の発言も含めて）やノートに書いたその子の考え方も評価します。さらに，それぞれの考え方の多様性が認められるように自由に文章や図，絵などで表現できるワークシートを作成しています。それらを見ながらその子がそのまま進めばよいのか，それとも修正が必要なのか（必要であればどこまで何を伝えるか）をフィードバックします。

　体育の評価について考えてみます。体育の場合，できた／できないがはっきりする種目が多くあります。そのため，評価も「その動きができた／できない」に陥りがちです。もちろん，これも評価の一部ですが，それだけでは体育嫌いをつくってしまいますし，何より「できることだけを先生は求めているんだ」という暗黙のメッセージを送っていることになります。

　5年生，走り高跳びの学習でした。若かった私はどこまで高く跳べたか（記録）のみで技能の評価をしていました。ある日，先輩の先生から「それじゃあ，背の低い子は絶対に不利だよ」と言われました。確かに走り高跳びは身長に大きく左右されますので，背の高い子が有利です。その先生はどのように評価しているのか尋ねると「美しさ」で評価しているとのことでした。どのくらいの高さかではなく，踏切のリズム，抜き足の膝が曲がっていないか，安定した着地になっているかなどを評価しているとのことでした。
　子どもはどうしても高さを追い求めたくなります。高跳びだけではありません。跳び箱や水泳など数値化されるものは，どうしてもより高く，より遠くを目指したくなります。しかし，そうではなく，動きそのものに目を向けることで，できる＝数値ではないことになります。もっと言えば，美しい動きを求めるのであれば，誰にだって成長の可能性があることを伝えられます。

こうなるとバーの高さに関係なく「抜き足が伸びている／伸びていない」などが視点になります。子ども自身が気付いていないのであれば，教師はこれをフィードバックします。

評価は教師が何を見ているかという指標です。だからこそ評価を変えることで，子どもに求めることが変わってくるのです。学びの過程も含め，運動の楽しさをより広く捉えていれば，子どももそのような見方で運動を見るようになります。

保護者の見方を変える

よく「子どもが自ら学んだ先にある汎用的スキルの重要性はわかるのですが，保護者や世間一般ではやはり通知表（3観点）が重視されていてギャップを感じます」という意見を聞きます。確かに数値化されたものは目に見えやすく，それだけをもってその子の学びを捉えてしまう傾向にあります。

私は保護者の評価の見方を変えるために，保護者会にて学級経営方針を伝えています。内容は本書に書いたものを保護者の方にわかりやすく簡潔に説明したり，授業のビデオを見てもらいながら，かいつまんで説明を加えたりしています。また，学校公開などの時間では，子ども主体の学びをあえて行い，イメージを共有してもらいます。

保護者の方が最も気になるのは子どもの力が高まっているかどうかですので，自ら学ぶ姿と同時に，意識の変化やそれが具体的に言動に現れている場合はそれらを面談等で伝えます。または，その子の成長が見られた日には家庭に電話で伝えたりもします。保護者から見たら，学校からの電話は何かよくないことが起こったときにかかってくるというイメージですが，そうではなく，「今日，Aさんが自分から友達に教えてくれたんですよ。あまりに嬉

しくて電話をさせてもらいました」と，よい面を伝えるようにしています。

　そのほかに学級だよりも発行し，教師の考える理念と子どもの姿を照らし合わせながら伝えています。子どもが伝えること以外に，教師からリアルタイムで何が起きているかを伝えることで，保護者は両方から学校の様子を把握することができ，安心感とともに信頼関係につながります。

　保護者は学校で何が起きているのかがわからず不安です。だからこそ，学校から配られる通知表に評価を頼るしかないのです。そうではなく，常日頃から教師の見方を提示することで，保護者にも同じ目線で子どもを評価してもらえるようになります。保護者は心強いパートナーなのです。

かけはし。1　　　　　5年1組　学級だより　令和3年4月6日（火）

よろしくお願いします。
　（中略）
　私が目指したい子どもの姿は以下の通りです。
　・自分から考え，行動できる子
　・友達のよい面に目を向けられる子
　・勉強もスポーツも努力できる子

　以上です。当たり前のことですが，学びの主役は子どもです。しかし，これがなかなか難しいです。先生含め，大人が「これをやりなさい」と全て決めてしまって，子どもはそれに従うだけ。そのような教育に陥りがちです。しかし，そうではなく，子どもたちと一緒にどのように学習を進めたいのか考えていきます。

　そのために子どもが確実に基礎・基本を学び，さらに力を付けられるように環境を整えます。その中で子どもの様子を見ながら，必要があれば教えますし，子どもたちだけで目標に辿り着くと見れば任せます。「授業はただ黙ってそこに座っていれば，先生から答えを教えてもらえる」というイメージをお子さんがもっているとしたら，大間違いです。受け身ではなく，自分から学び取っていく……そんな授業を行います。詳細は保護者会にてお話しさせていただきます。

当たり前を疑う

Point

- ●子どもとともに本質を追究する
- ●既習事項が生かせる単元配列を考える

子どもとともに本質を追究する

　学校にはそれまでの歴史や伝統から当たり前のようになっている文化があります。例えば「みんな同じがよい」という風土です。全員が同じペースで，同じ内容を学び，同じようにノートを取る。これだけ多様性が叫ばれている学校現場において，全員が同じペースで進めることに違和感を抱かないのはなぜでしょうか。それは我々教師の教育観は，その教師の受けてきた教育に強く影響を受けているからです。その教師が学生時代に同じペース，同じ内容で学んできたために，それが当たり前になっているのです。

　ここでこれまでの学校文化は全て正しいのか考えてみてください。もちろん，今まで続いてきたものですから，利点は大いにあるのだと思います。ただ，もしかしたら現代に適していない部分もあるかもしれません。そして，この教師の当たり前は「子どもにとっての当たり前」になります。例えば「授業は先生が教えてくれるものだ」「机に座っていれば誰かがなんとかしてくれる」という授業観です。

　こういった当たり前に改めてスポットを当て，自分たちにとってよりよいものを追究できる自由があることに気付かせることが重要です。「自分たちの学び方は自分たちで決めることができる」といった自由の保障があるからこそ，子どもの主体性は発現されるのです。

当たり前を疑い本質を追究する点でいうと，（体育に限らず）私は子ども
たちによく「何のために」「あなたはどうしたいのか」という言葉を使います。「何のために今，この計算をしているのかな」「（質問に来た子に）あな
たはどうしたいと思っているのかな？」といった具合です。

　子どもは（子どもに限らず教師も），「木を見て森を見ず」の状態に陥って
しまうことが多々あります。例えば，ボールゲームでパス・キャッチの練習
が必要になったとします。子どもはパス練習を一生懸命にするのですが，
段々，パス・キャッチすることが目的化されてしまい，ゲームへのつながり
が薄れていくのです。対面パスの練習ばかりを行っていても，ゲーム中は常
に動いているのですから，練習したこととは別の状況になり，思っていたよ
うな成果には結びつかなくなるというわけです。もし「何のためにパス練習
をしているのかな？」「ゲームでパス・キャッチができるためだよ」という
やり取りが日常的に行われていれば「もっと動いた状態でパスしてみよう」
「守備も入れてパスしてみよう」となります。

　もう1つ例を挙げます。4年生の跳び箱運動（台上前転）において，シン
ジ君がこんなことを私に伝えに来ました。「先生，細いマットを使ってもい
いですか？」「何に使うのかな？」「グループのサキさんがどうしても怖いっ
て言うから，マットの上で前転の練習をしたんだ。そこではできたんだけれ
ども，跳び箱の上になるとできなくなる。だから，マットの上に細いマット
を置いて，そこで練習したらいいかなって思って」

　それまでの私の授業が，学び方を含め教師からの一方的な指示ばかりだっ
たら，このような発言には至らなかったでしょう。「授業とは自分なりの解
決方法を考えて取り組んでいいんだ」という自由度が保障されていたからこ
その発言だと思います。また，そこには「授業とは先生から言われたことを
そのままやっていればいい」というこれまで当たり前とされていたイメージ
は既に転換されていることがわかります。

　その後，シンジ君とサキさんは細いマットをさらに重ね，まるで小さな跳

び箱のような状態をつくり練習を繰り返していました。最後にサキさんが台上前転を成功させたとき，シンジ君は自分のことのように嬉しがり，私に報告に来てくれました。

既習事項が生かせる単元配列を考える

　全ての学校に体育の年間指導計画があります。この年間指導計画ですが，それぞれの運動特性を生かした計画にすると，さらに効果的な学びが期待できます。いわゆるカリキュラム・マネジメントと呼ばれるものです。しかし，いざカリキュラム・マネジメントを改めて行おうとすると，何から手をつけてよいのかわからない場合が多いです。実は私もそうでした。私は「カリキュラム・マネジメントをやらなければならない」といった教師の都合ありきで考えていたことに気付きました。そこで，「子どもにとってどのように領域を配列したら学びが深まるか」という視点で考えてみると，結果的にそれがカリキュラム・マネジメントになっていました。

　わかりやすい例を挙げると以下のものは有名です。

【マット運動】前転　→　【跳び箱運動】台上前転

　このように単元を配列することで，子どもは台上前転と出合ったときに，考える拠り所が全くないわけではなく，マット運動での前転のポイントが使えないかなと考えます。そこで前転のポイント「後頭部を着ける」「肩から腰まで順番に着ける」といった既習事項が生かされるわけです。

　また，「マット運動と違う点はどこかな？」と問えば，最初の踏み切りの高さが違うことに気付くことでしょう。そうなると踏み切りをどうするかに思考が焦点化されます。踏み切りの高さがないと後頭部が跳び箱に着けられないので，高さが問題になるわけです。既習事項があるからこそ，課題が絞られます。

　もう1つ例を挙げます。ゲーム領域ではその学習内容によって，年間の配

置を考えるようにしています。個人的にはグループでの戦術行動を学ぶために は以下のような流れがよいと考えています（表13）。

表13　戦術行動を基にしたゲームの年間計画例（齊藤案）

1学期	2学期	3学期
ゴール型 【フラッグフットボール】 グループの作戦とはどういうものか。そのよさを知る。	ネット型 【キャッチバレー】 相手に邪魔されない中で作戦を試す。	ゴール型（攻守入り交じり） 【バスケ，ハンドボールなど】 相手が動く中で作戦を試す。

　その1つの単元だけで学びを捉えるのではなく，年間を通して高めるという発想です。年間を通して1学期にフラッグフットボールを実施し，作戦とは何か，作戦を立てるよさを学びます。そして，2学期はネット型ゲームにおいて，作戦の有効性を基に，相手に邪魔されない状況下での動き方を考えます。フラッグフットボールで「作戦によって相手を騙すこと」を学んでいるので，どうやって相手ブロックを騙すかに焦点が絞られます。そして，最後の3学期にバスケットボールやハンドボールなど攻守入り交じりのゴール型を実施し，相手が動く中での状況判断へと話をつなぎます。

　このように動きによって領域をつないでみたり，作戦など知識によって領域をつないでみたりすることができます。大切なことは，目の前の子どもの思考の流れを把握しながら，どのように配列すれば「その子が自分で学びを進められるのか」を考えることです。同じような動きや既習事項を生かすことで，課題が絞られ，考えるべきことが明確になります。

　「昨年と同じだから」という理由ではなく，目の前の子たちを成長させるためには，どのような配列がよいのか考え，周囲に発信してみてください。

第6章

体育学習で考えるその子の"生き方"
―体育学習のその先にあるもの―

　体育はスポーツを教材としており，その中には友達と協力する大切さ，困難を乗り越える強い気持ち，友達への思いやりなど，集団生活を送る上で必要な要素がたくさん詰まっています。

　それだけではありません。壁にぶつかったら創意工夫すること，自己を客観的に見つめ直すことなど，その子が自立する過程で必要不可欠な要素も多く存在します。

　よく「体育で学級経営をする」という先生がいますが，それは，このような理由からでしょう。

　このような豊かな文化的価値をもった教材ですから，学習指導要領に掲載されている内容だけでなく，さらに深い学習内容が存在します。体育は，その子が「どう生きるか」に迫ることのできる教科であると感じます。

　この章では授業の創り方というよりも，実際の子どもたちの声を基にスポーツのもつ豊かな文化的価値に触れていただければと思います。

　昨今，子どもが生きづらさを感じていると言われています。人との関係づくりの難しさ，自己肯定感の低さなどです。そのような中にあって，体育が果たす役割は大きく重要です。ぜひ，読者の方の教材（スポーツ）の見方を広げていただければと思います。

競争ではなく，過程を楽しみたい子

1年生　ボールゲーム『なげなげゲーム』・『じゃまじゃまサッカー』

　ボールゲーム「なげなげゲーム」を1年生で実施しました。これはくしゃくしゃにした画用紙をビニール袋に入れて口を縛り，それをネット越しに投げ合うゲームです。得点板については子どもから必要という声が上がれば出そうと考えていましたので，最初は出しませんでした。

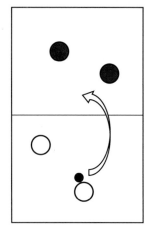

【ルール】
・2人対2人
・相手コートにボールが落ちたら得点
・ボールを持って動いてもよい
・コートの広さはバドミントンコート半分
・ネットの高さは180cm

　単元が始まると子どもたちは投げる行為そのものを楽しみ，自分のボールが落ちたかどうか，相手のボールをキャッチできたかどうかを楽しんでいる様子でした。つまり，そのときそのときのプレーの如何に関心があり，それらの積み重ねとしての勝敗にまでは意識が向いていない様子でした。

　2時間目終了後，地域のスポーツ少年団でサッカーを習っている子が「点数をつけてみたい」と発言しました。得点をつける＝得点を競い合って決着をつけたいとのことです。そこで，他の子どもたちの意見を聞いてみると「点数をつけて決着をつけることはしたくない」と多くの子が言いました。勝ち／負けがあると喧嘩が起きて，誰かが傷つくという理由や得点にこだわるとミスを責められるという意見でした。投げる，キャッチするという行為そのものが楽しいのに，得点で決着をつけるような，余計な要素を持ち込んでくれるなという話です。

しかし，そこに先程の子が決着をつける面白さもあることを伝えてくれました。ドキドキするし，負けたとしてもそれはそれでまた練習すればよいということです。決着をつけるゲームかつけないゲームか悩んだ末に子どもが出した結論は，どちらがよいのかまだよくわからないので，まずは決着なしで行い，単元の後半は決着をつけて両者を比べてみたらどうかというものでした（もちろん，実際のやりとりはもっと１年生らしい表現でした）。

　決着なしで進めた３時間目は作戦タイムの時間がほしいという声が子どもたちから上がってきました。相手を前後左右に揺さぶり空いたスペースに投げ込むなど，偶然ではなく意図的に落とすことに関心が高まっていました（図22）。作戦成功のためにペアの子に優しく教える姿も多く見られました。

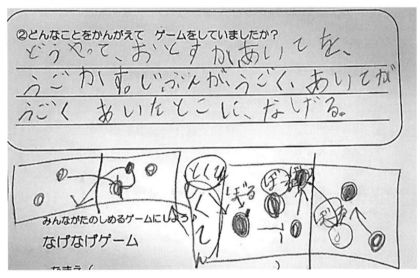

図22　子どものワークシート

　そして，単元も後半になり，いよいよ得点板を出し得点を数えるとなった瞬間でした。泣く子が続出です。これまでは相手・味方関係なしにアドバイスや称賛の声が多かったのですが，相手の反則を主張する声，相手を馬鹿にするような声に変わったのです。また，ボール操作が難しいペアの子に対しても厳しい目が向けられました。さらに，これまでジャッジが曖昧な場面で

は譲り合えていた子たちが，白黒をはっきりつけるために審判の必要性も感じている様子でした。

　授業後に子どもたちと話をすると，得点あり／なしによってゲームが大きく変わってくることを1年生ながらに感じている様子でした。得点があることで決着がつくことをメリットと考えていましたが，それが同時に様々なデメリットも運んでくることに気付いたのです（表14）。

表14

	得点あり	得点なし
メリット	・決着がつく ・上手になろうとする	・喧嘩がない ・審判がいらない ・ミスを恐れず楽しめる
デメリット	・喧嘩が起きる ・審判が難しい	・決着がつかない ・真剣勝負ができない

　次回，最後の授業をどうするか話し合うと「決着をつけるかどうかは自分たちで選べばよいのではないか」というアイデアを出した子がいました（他の教科でも自分で学び方を選択しているからだと思われます）。自分たちのゲームなのだから，競争の仕方も自分たちで選択すればよいということでした。その後の学習では，決着をつけたい人同士，決着なしで行いたい人同士でゲームを行いました。自分の目的に応じた競争の仕方を選ぶことで大きなトラブルもなく満足した様子でした。

　翌月，ボールゲーム「じゃまじゃまサッカー」を行いました。これは，1人がボールを1個持ち，足だけでコートのはじからはじまで通過するゲームです。途中じゃまゾーンがあり，そこにいる相手にボールを蹴り出されずに向こう側まで辿り着ければ1点です。ゴールできたら紅白玉（得点の代わり）をスタート地点まで持ってきて，再びゲームを行うというルールにしま

した。なぜなら，ここまで子どもたちは「得点は勝敗を決定してしまう危険なもの」という様子でした。しかし，得点それ自体は決して危険なものではなく，むしろゲームの楽しさを引き出す大きな1つの要素です。そこに気付かせたくて，紅白玉だけは置くことにしたのです（紅白玉を数えるというルールは指定しませんでした）。

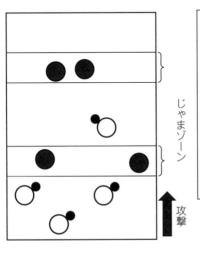

【ルール】
・4人対4人
・ゴールまでボールを運べたら1点
・守る人は「じゃまゾーン」しか動けない
・守る人はボールを外に蹴る
・ボールが外に出たらスタートからやり直し
・コートの広さは20m×12m

　単元が始まると1人ではじゃまゾーンを通過できませんが，友達と協力する（おとりになる）ことで通過できるようになるため，2人以上のコンビプレーが生まれ，存分に過程を楽しんでいるように見えました。肝心の紅白玉については，一応，そういうルールだから持って行ってスタート地点に置いているといった様子です。その数を数えようとする気配もありませんし，数えたいという声も上がりませんでした。そこで，4時間目終了後，教師から「この紅白玉って意味ないから無くそうか？」と尋ねました。すると「いや，残しておきたい！」との声が多く上がりました。「紅白玉を残すってことは，得点をきちんと数えて，決着をつけたいってことかな？」「うーん，そうじゃないんだよね。決着はつけなくていいんだ。でも……苦労した分，ご褒美がほしいって感じかなぁ。サッカーってゴールするまでにすごく苦労するでしょ？　だから，それだけ苦労したんだからご褒美をその人にあげた方がい

いんじゃないかなって」この一言で一気に全体の空気が変わりました。「ただ自分で満足したなぁって感じるためのもの？」と聞くと，「うん，そうだよ。だって頑張ってそこまで来たんだから」というなんとも子どもらしい意見です。結局，紅白玉は残すことにしました。その後の様子を見ていると，確かにゴールした後に紅白玉を嬉しそうに持っていく子どもたちの姿がありました。しかし，特にそれを数えようとする気配はやはりなく，ゲームが終了すると元に戻すだけでした。

　単元終了後，何が面白かったのか尋ねると，作戦を考えたり難しいことに挑戦したりすることが面白いとのことです。さらに，それだけ苦労したからこそご褒美（得点）も嬉しかったと伝えてくれました。

　多くの大人は，相手よりも多く得点するという目的のために過程のプレーがあると刷り込まれ，疑いもなく解釈しています。しかし，1年生の子どもは少し違うようです。過程におけるプレーそれ自体が目的であり，その良し悪しが子どもにとってのまさに競争そのものなのです。そして，プレーや作戦を行ってみて，それがどうだったのかという結果としての客観的評価“得点”はもらいたいが，その先の得点の比較や優劣をつけるところまでは関心が低いことがわかりました。

　さらに，子どもたちと私が今回学んだことは，自分たちのゲームを結果重視にするか，過程重視にするかは自分たちで選べばよく，それは得点の取り扱いによってコントロールできるということでした（表15）。得点を「個人内で完結させるもの（ご褒美）」とすれば過程重視のゲームが実現しますし，得点を「積み重ねて比較するもの」とすれば結果重視のゲームになります。1年生という発達段階で理論的に理解することは難しいのですが，肌感覚として実感しているようでした。

　本実践は1年生でしたが，私がこれまで担任してきた小学生全般に通じると感じています。社会全体がますます高度化する中，生き苦しさを感じる子

どもも多くいます。競争を「人より
も多くの点数を取ること」と限定的
に捉えると，そこからはじかれてし
まう子もいます。「行っていること
自体に価値があり，それは誰かと比
べるものではない」と競争の違った
側面が学ばれ，どちらの競争に身を
置くのか自分で選べるという幅をも
たせることができれば，そこにはそ
の子にとって豊かな世界が広がるこ
とでしょう。スポーツに関するそう
いった見方・考え方を養うことがで
きるのも体育の大きな役割ではない
かと強く感じるのです。

表15　子どもの感想より

・けっちゃくが大じじゃなくて，とちゅうも
あわさってゲームになる。どっちかだけだ
とおもしろくないからどっちもひつよう。

・とくてんがあることで，そのさくせんがう
まくいったかどうかがわかるから，とくて
んはひつよう。

・ゲームにははあいがある。とくてんがいる
ほうと，いらないほうがあって，じぶんで
えらぶといいことがわかった。

※本実践は齊藤慎一「子どもは競争をどのように見ているのか」『体育科教育』（大
　修館書店，2021）に掲載したものに一部加除修正した。

自由とルールの間で揺れる子どもたち

４年生　ゴール型ゲーム『フットボール』

　これまでのゲームというと全て教師がルールを決め，子どもたちは教師の決めたルールの中で活動するというものばかりでした。しかし，それではどうしても「ルールで決まっているから」という意識が強くなり，ルールにないものは白か黒かを巡って言い合いが始まってしまうのです。

　ルールがないという自由な中で，どれだけ相手のことを考えることができるかを学んでもらいたく「フットボール」を行うことにしました。これは得点方法のみ決めておくが，それ以外は特にルールは設けないゲームです。子どもたちは先にサッカーゴールの屋根をゴールに設定しました。それ以外は自由です。手で運んでも足で蹴ってもどちらでもよいわけです。ただし，至近距離で思い切り蹴ると痛いし怪我をする恐れがあるので，スポンジ性で転がりづらいボールを用意しました。また，ラインはありませんが，大体の場所（安全な場所）は指定しました。さらに，安全面を確保するため，教師は常にボールとともに移動し，危険なプレーについてはストップをかけました。このように安全面については十分な配慮が必要です。

　単元の最初は戸惑っている子や積極的にボールを手で持って走る子が見られました。手でパスでつなごうとしますがすぐに相手に囲まれてラグビーのスクラムのような状況になってしまいます。その中でボールを奪うために相手を手で押したり口喧嘩になったりする場面が多く見られるようになってきました。

　このような流れのなかで「ラインを決めて出たかどうか決めよう」「手で押したりする人がいるからルールを決めて反則にしよう」という意見が出されました。すると，多くの子が「このゲームはルールがなくて，自由なところが面白いんだよ。だからルールをつくるとせっかくの面白さがなくなっち

ゃう」と言いました。それだけ子どもたちはこのゲームの「自由」を大切にしていることがわかります。話し合いは平行線を辿り時間ばかりが過ぎていきました。そこで，私から「ルールではないがマナー（フェアプレー）というものがある」と伝え，ルールに縛られずにマナー（フェアプレー）を大切にすることを提案しました。その後，子どもたちは相手が傷つかないように配慮したり，怪我をしそうな場面では相手チームの子が「今は手を離そう」と言い，全員がプレーを中断したりする様子が見られるようになってきました。

　全ての学習が終了し，子どもたちにインタビューをしました。すると，ある男子が「マナーとルールの良い所と悪い所があるとわかった。マナーとルールを少しずつ使えばそれぞれの悪い所はなくなると思った」と答えてくれました。最初は自由がいい，ルールに縛られたくないと考えていたのですが，「自由だけでは誰かが嫌な思いをする。逆にルールばかりでは自分たちが窮屈になってしまう。それらのバランスを取ることが大切で，だからフェアプレーがある」と語っていました。この学習を通して，「自由かルールか」という葛藤が生まれ，自由を大切にするためには自制心が大切であることを，体験を通して学んだのでしょう。

　私たち大人は「スポーツにはルールがあるのが当たり前」と認識し，疑いもせずに受け入れてきました。道徳の時間も「ルールは守りましょう」と教えています。しかし，それだけでは子どもは「ルールはただ守るものだ」という認識しかなく，誰かのつくったルールを何も考えずに守るだけになっています。自分たちが気持ちよくゲームができる，生活ができる，そのためにルールがあることを子どもは体験的に理解しました。そして，よりよいゲーム，クラスにするためにはどんなルールが必要か（必要ではないか）を考えるようになりました。さらに，ルールばかりだと窮屈になる，自由を守るためにはマナー（フェアプレー）が必要であることを知り，だからこそ一人ひとりがマナーを守れば，自由で楽しいクラスになるという考えに至りました。

個人差をどうするか

5年生　陸上運動『リレー』

　体育の学習では個人差が問題視されることが多くあります。こうした個人差を埋めようと教師は様々な工夫をします。ただ，私は個人差というものはあって当然であり，変に埋めようとすると，かえって子どもたちには「個人差はよくないものだ」という印象を与える可能性があるのではないかと感じます。そうではなく個人差を学びに生かす方向に思考を切り替えます。

　5年生，リレーの学習でした。後述しますが，第7章の運動会に向けた学習です。学習が始まると，私から「タイムを縮めるためには，どんな点に注目すればいいかな？」と伝えました。「一人ひとりがもっと速く走れるようになればよい」「カーブを上手に走れるようにするのが大切だと思う」「バトンパスがスムーズにいくとタイムは早くなる」と，子どもはこれまでの経験を語りました。次に子どもたちとポイントを共有しました。走り方では，腕を大きく速く振ること（ピッチ），ももを上げること（ストライド）。カーブはやや体を中心に傾けて走ること。バトンパスであれば，バトンのもらい方，走り出すタイミング，前を向いて加速することです。

　ケンタ君は走るのがあまり得意ではない子です。それに対して，マキさんは足の速い子です。2人はバトンのペアであり，そのバトンパスに課題があると考えていました。みんなで共有した「4mくらい手前に味方が来たら，スタートを切る」を何度も試していましたが，これがなかなかしっくり来ていない様子でした。先に走るケンタ君が4m手前に来るタイミングでマキさんはスタートするのですが，ケンタ君は追いつくことができません。マキさんの方が足が速いのですから当然です。

　どうするのか見ていると，マキさんはスタートのタイミングを遅くするこ

とにしました。何度やってもバトンパスが失敗する原因は足の遅いケンタ君にあるのではなく，自分がそれに合わせられなかった点にあることに気付いたのでしょう。相手を自分に合わせるのではなく，自分が相手に合わせる方法をとったのです。

　しかし，今度はタイミングが遅すぎてマキさんがトップスピードになる前にバトンが渡ってきてしまいました。これではタイムロスです。そこで，相手に合わせつつ，自分の力が十分に出せる位置を２人で探し始めます。そして，見事に２人の息がピッタリ合う位置を見付けたのです。

　マキさんはケンタ君に対して「もっと速く走ってよ」とは言いませんでした。個人差を当たり前のように受け入れ，今の２人の力が最大限に発揮できるタイミング（方法）を見出そうとしていました。ケンタ君にしても，足が遅いことに劣等感など一切抱くことなく，同じ土俵で真剣に話し合っていました。個人差があるからこそ問いが生まれ，学びが成立していたのです。

　「みんな違ってみんないい」よく聞くフレーズです。ところが教師は実際「みんな一緒でみんないい」「みんな違っていると困る」になっていないでしょうか。教師（大人）の見ている価値観がこのように狭いものだと，子どもも自ずと限定的な価値観に陥りやすくなります。個人差を問題であり，なくさなければならないものと捉えると，子どもたちも教師と同じように，「あの子は足が遅いから困ったものだ」と捉えます。個人差を「あって当たり前。個人差こそ個性なんだ」と捉えれば子どもたちも同じように捉えます。

　体育ではよく「あの子のせいで負けた」と味方に責任を押しつける場面が見られますが，そうではなく，個人差を学びの種（原動力）と見なせば，「自分がもっと活躍できれば勝てたかもしれない」「動き方のわからない友達に自分はもっとできることがなかったのか」と自分の言動にベクトルを向け，自身の成長につなげられる子になります。個人差を多様性として受け止め，差があるからこそ幸せの形が違うことに気付かせたいです。

曖昧さはよくないものなのか

6年生　ゴール型『サッカー』

　現代のスポーツを見ていると曖昧なプレーに対しては白黒はっきりと付けられるように VAR（ビデオ・アシスタント・レフェリー）を用いるなどしています。もちろんプロでお金をもらっている人やオリンピックなど国を代表する試合では，その人の人生がかかっているのですから白黒はっきりさせることは賛成です。しかし，この曖昧さをなくし，マルかバツかを明確にすることは子どものスポーツにおいても必要なのでしょうか。このことを考えたくて，6年生の子どもたちと一緒にサッカーの実践に取り組みました。ゲーム自体は4人対4人で，動けるエリアを決めるなど簡易化されたゲームですが，ここでは内容に影響がないためルールに関する詳細は割愛します。

　ゲーム中，つい熱くなって「今のはラインを出た！」「いや，出てないよ！」といった声が上がりました。一方で「それくらいどちらでもいいよね」と冷静に言う子もいました。審判も立てていないので，どちらが正しいのかはっきりしません。

　このような場面が数時間続いたある日，教室で子どもたちに聞いたことがあります。「ラインを出たかどうか，きっちりと決めた方がいいのかな？」「そりゃあそうだよ。どちらかが嘘をついていて，自分たちが有利になるように話しているのだから」そう返ってきました。そこで「まあ，明らかに出ている（出ていない）のに反対のことを言うのは確かに問題だと思う。けれど，本当に微妙な場合はどうすればいいんだろう？」「う～ん，ジャンケンかな」「そうだよね。だけど，プロの世界ではジャンケンではなく，最近はVARというビデオ判定が行われているよね」その後，VARについて説明しました。「こうやってみんなのゲームも白黒はっきりつけた方がいいかな？」「うん！　そうだよ！　ビデオ判定しよう！」「じゃあ，ビデオを撮影

する人を決めて……」という流れになったので，私は「ちょっと待って。ビデオ判定している人はゲームをそのぶん，できないけれど，それでもいいの？」と尋ねました。すると，ヒカリさんが「あのさ，そこまで白黒はっきり付けなくてもよくない？」と言いました。「私はゲームに勝ったか負けたかはどうでもよくて，ボールを蹴っていること自体が面白いんだよね。だから，誰が出したのかなんてそれはどちらでもいい。それよりさっさと始めたいって感じ」このヒカリさんの一言でクラスの空気が一変しました。「僕もそう思う。揉めている時間がもったいない」「譲り合えばいいんじゃない？」など，どちらのボールでもそれはいいのではないかという意見が出されました。

　ここがチャンスと思い，「どちらでもよいっていう『曖昧さ』を日本人は非常に大切にしてきたんだと思うよ。全てがVARのように白黒はっきり付けましょうでは疲れてしまうものね。まあこれくらいはいいんじゃないかなという曖昧さがあることで，みんなも精神的に余裕が生まれることってないかな？　例えば，相手に何か嫌なことをされたとき，絶対に相手が悪いと言っていつも喧嘩するより，まあこのくらいはいいかと考えられた方が楽に生きられると思うんだけど」と話しました。「うん！　それはよくわかる。そのくらい大目に見ようって考えるとストレスを感じなく過ごせる」など，子どもたちは共感していました。今回は子どもからの発言を上手く拾えたのでこういった展開になりましたが，子どもから出なければ，もちろん教師から出したでしょう（新しい視点を出すことも教師の役割です）。

　「じゃあ，プロの世界では曖昧さはどうかな？」と聞くと「それはダメだよ。だって生活がかかっているんだから」「プロはそのために一生懸命に練習し，努力してきたんだから，そこは白黒はっきりつけてあげないとかわいそう」という反応が返ってきました。「プロは曖昧さはできるだけなくした方がよい。でも，みんなの体育のゲームは曖昧さがあってもよい。こんな感じかな？」といいながら図23を描きました。

最初に白黒はっきりつけた
い，そのためにはVAR導入
も仕方がないと考えていた子
どもたち。その言葉の背景に
は，現代の子どもたちはいか
に曖昧さが許されず，明確な
答えを求められて生活してい
るかが感じ取れます。曖昧さ
を許さず，正解ばかりを求め

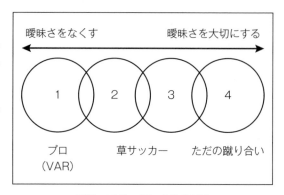

図23　スポーツに求める価値

られているために学校に行けなくなったり，自分の居場所がなくなったりし
てしまっているのだと思います。子どもたちはその心の内に曖昧さを残した
いとも言っていました。曖昧さがあるから喧嘩せずによい関係が築けること，
気持ちに余裕が生まれることなど，そのよさを感じていたようです。

　そして，この話し合いの面白いところは，全てが曖昧であってはいけない
ことを子どもたちも感じている点です。プロの選手だけに限らず，日頃，一
生懸命に練習して真剣にプレーする場面では曖昧さはできるだけない方がよ
いのではないかと考えていました。一方，休み時間や放課後の遊びには曖昧
さは十分にあってもよいと言っている子もいました。そして，単元最後の感
想には「自分がスポーツに対して，どのようなものを求めるかによって，曖
昧さを残したり，残さなかったりすればよい。それは自分で決めればよい」
と書いている子が多くいました。

　体育の学習の最終目標は主体的に日常の運動に関わる子を育てることです。
自分がどのようにスポーツを捉え，そのためにどういったルールにするのか，
その際，曖昧さをどのくらい許容するのかなどは自分たちで決めることがで
きることに気付いていました。このようなスポーツの見方や選択肢に気付か
せることも体育の大切な役割ではないかと思っています。

第7章

子どもが主役の運動会
―「子どもとともに創る」の裏側―

　運動会はどの学校も年間計画の中で大きな行事として位置づけられており，それに向けて周到に準備がなされます。その準備段階で，「今年はこの種目をやろう」と教師だけで決めてしまうことはありませんか。「子どもが主役の運動会」というテーマ設定こそあれども，子どもたちの実態や声を聞かずに，どんな種目を行い，どのように動くのかまで教師が全て決めてしまい，子どもたちはただ教師の敷いたレールの上を歩くだけになっている運動会が多く見られます。

　確かにそれでも子どもたちに協力や努力の素晴らしさ，そして感動を学ばせることはできます。ただ，それは「教師によって計画的に作り出された感動」です。そうではなく，子ども自身が自らの力で創り上げ，様々な葛藤を乗り越えながら創り上げる。それらを価値付け，子ども自らが自分たちを肯定する場，それこそが子どもが主役の運動会だと思うのです。

　このように見ると，何のために運動会を行うのか，改めて考える必要が出てきます。「こなすための行事」から「力を付けるための行事」への教育観の転換が必要です。しかし，いきなり「子どもが主役の運動会を行いたい！」と大きな声で言っても周囲の教師からの賛同は得られないでしょう。大きな改革をするためには，小さくても確実に一歩ずつ進んでいくしかないのです。そこで，本章では，私なりに取り組んできたことや悩んできたことをまとめたいと思います。その中で読者の方なりに，何かしらのヒントと具体的な一歩が見えてきて下されば嬉しいです。

方向性を決め，子どもが考える余白は残す

【1年目10月】管理職との交渉

　子ども主体の運動会を創る話の前に，まずは学校と当時の私の立場をお伝えします。子どもが主役の運動会（本校は5月開催）は，およそ3年間でなんとか形になってきました。

1年目：1年生担任，指導教諭（体育），研究主任
2年目：5年生担任，主幹教諭，教務主任
3年目：6年生担任，主幹教諭，教務主任

※体育行事委員会に所属していたが，体育主任は別の方が担当している。
※本校の校内研究は子ども主体の学びについての研究であり，4年前から取り組んでいる。

　1年目にまず私が取り組んだことは，管理職との交渉です。これまでのような教師主導で全て決められている運動会よりも子どもが考え進められる運動会の方が主体性や課題解決力，協働性がより高まることを文章や図にして提案しました。また，既に各教科で取り組んでいる子ども主体の学びとの関連性が強いことも同時に伝えました。理念や抽象的な話だけでは伝わらないと思い，以下のような具体的な話も含めた提案を心がけました。

・テーマを「子どもとともに創る運動会」とする。
・種目を子どもと先生が選べるようにする。
・6年生の係の種類やその内容も子どもと決める。

　当時の校長先生は，提案に快く賛成してくださいました。ただ1つだけ，

その話し合いで見えてきた懸念事項がありました。それは，子どもとともに創る運動会だと，教師が引っ張る運動会に比べてパフォーマンスの質が下がるという点でした。教師が全て指示を出し，できていない点は指摘してその場で直せば効率的ですし，見た目もよくなります。しかし，子どもが自分たちでどこがよくないのか教え合う場合，どうしても全体の質は落ちてしまいます。校長先生と何度も話し合い，誰のための運動会なのか，何のために運動会を行うのかをはっきりさせました。保護者や地域の方のための運動会ではなく，子どもたち自身が満足し成長することを重点目標にしました。

【教師にとっての重点目標】
◎目に付きやすい「一糸乱れぬ動き」になっているかではなく，その子
　のこれまでの試行錯誤や努力，協働性を見取り，価値付ける。
◎自分たちで創る「自治」を通して，主体的に取り組む力を引き出す。

校長先生はその後，地域や保護者の方にその方向性を説明してくださいました。私はというと，体育主任や体育行事委員会の先生方と方向性を確認しました。その後，企画会を経て教職員みんなにも伝えました。先生方の反応は面白そうだし，実現できれば良いとは思うが，本当に可能なのかといった反応でした。しかし，否定的なことを言う方はいませんでした（決して私のことが怖くて何も言えないわけではないと思っています。私はよく後輩からもツッコまれたりと，そういった関係です）。

私自身はもちろん不安もありましたし，他の業務も重なる中で，どれだけ先生方との打ち合わせの時間が割けるのか見えてこない部分もありました。しかし，できることから少しずつ行っていこう，今の子どもだけでなく，これからこの学校で過ごす多くの子のために，今できることをしようと挑戦する気持ちの方が強くありました。そういった気持ちとできるだけ具体化した見通しを示すことで「まあ，やりながら上手くいかないことは修正すればい

いか」「とりあえずやってみよう」という雰囲気で先生方も納得されている様子でした。

【1年目2月】運動会の方向性について先生方と確認する

　次年度5月の運動会に向けて今年度内に何をすればよいのか，そろそろ決め，先生方に伝えなければなりません。私は全てを新しいものに変えるつもりはありませんでした。これまで行ってきた運動会の一部を変えるという発想で進めました。大きな流れは変えず，種目については走の運動（陸上運動）は各学年必ず入れるが，もう1つは団体競技か表現から選ぶというものです（コロナ禍であったため，2種類の種目のみ実施）。または，走の運動（陸上運動）についても短距離走かリレーか選べるようにしました。とにかく，どこか1つを選択にして，その点を子どもたちと話し合ってほしいと伝えました。

　一方，団体競技，表現ともに具体例とそれによって学べることを例示しました。これを基に子どもたちと話し合って決めてくださいというわけです。何もないところから，いきなり創ってくれと言っても，それは無理な話です。拠り所になる例示やわからないことは体育部でサポートするという体制があってこそ，先生方は安心して取り組むことができます。

　また，6年生の係も子どもに考えさせたいと提案しました。もちろん，用具準備など，必ず必要な仕事はこちらで提示し，それ以外の仕事を子どもたちに考えてもらおうという話です。ただ，困ったのは人数設定です。子どもたちにどんな仕事があるか（やってみたいか）を聞き，全体の係が揃わないと人数設定もできないのです。ここで一緒に悩んでいた体育主任が「人数は最初から決めなくてもよいのではないですか？」と言ってくれました。確かにその通りでした。子どもを主役にと言っていたにもかかわらず，いつの間にかこれまでの当たり前，効率性にばかり目が向いていたのです。「子どもが自分で選んだ仕事ができる」これが大切なのに，先に人数が決まっていたらそれはできなくなります。人数はあとで考えようと決めました。

【2年目4月】子どもとの話し合い

　新年度になりました。先生方は新しい子どもたちとの出会いに胸を弾ませながら忙しそうにしています。年度当初の職員会議で体育主任が運動会の概要を説明してくれました。昨年度，先生方に伝えていますので，特に問題なく受け入れてもらいました。ただ，新しく異動されてきた先生方の目にはどのように映ったのか定かではありません。

　一方，私は自分の学年（5年生）の先生方と話し合い，陸上運動を短距離走かリレーのどちらか，子どもと話し合い選ぶことにしました。なぜ，陸上運動を選択にしたのかというと，もう1つの種目は表現（民舞）であり，それは本校の伝統として受け継がれているので，選択のしようがなかったという理由からです。そこで，短距離走とリレー，それぞれの特性と学べることを下記のように学年の先生方と共有しました。

短距離走
　個の責任。努力が結果に直結する。自分の走り方について課題解決する力が学べる。

リレー
　集団意識。ペアで息を合わせること。協働的に解決する力が学べる。

　学年の先生方（私含めて）は，さっそく，クラスごとに子どもたちと話し合いました。「今年度の運動会はどんな運動会にしたいかな？」「協力できる運動会にしたい」「下級生にすごいなって思ってもらえるような運動会にしたい」といった意見が出されました。子どもたちも様々な願いをもって運動会に臨もうとしていることがわかります。まずはその願いを丁寧に聞くことから運動会が始まります。

　その後，「このような願いを実現させるためには，短距離走とリレー，どちらの種目がいいと思う？」と尋ねます（学年で最後は統一することも伝え

ます）。多くの子がリレーを選択していましたが，短距離走という子もいました。「リレーであればみんなで協力できる」「いや，リレーだと走るのが苦手な人が嫌な思いをするんじゃない？」「リレーと違って短距離走は，その子の力がそのまま順位になるからいいと思う」など，子どもたちは真剣に話し合っていました。どちらかに決めるのですから，もちろん全員の希望通りにはなりません。しかし，希望は叶わなかったとしても，全員が納得していることが大切です。そのためにはできるだけ多くの意見に出会う必要があります。また，話し合いは何日にも及ぶこともありますが，新年度，どういうクラスを目指すのかも含めて，こういった話し合いを上手く利用して学級をつくっていきます。「協力できるクラスにしたい。そのためにリレーにしようよ」「でも，短距離走を選んでいる人の意見はどうなっちゃうの？」「体育の別の場面で時間をつくればいいんじゃない？」何度も話し合い，互いの納得を得た上で，結果として今年の運動会はリレーになりました。

　また，係の仕事も子どもたちと考えます。私は5年担任だったので，6年生の教室に様子を見に行きました。「みんなが思い出に残る運動会にする」「下級生にも保護者にも頑張ったことが伝わる運動会にしたい」など，このあと係を考えるにあたって，根拠となる「係活動の目的」からしっかり話し合ってくれていました。終始，話し合いは盛り上がり，これまでにない係も子どもたちから出されました。出てきた係は案として学年と体育行事委員会に渡され，そこで先生方による話し合いが行われます。子どもたちが出したからと言って何もかも受け入れるわけではなく，係として成立しているのか，他の係と内容が重なっていないかなどを真剣に吟味します。そして，管理職の決裁をもらうと，今年度の係として正式に決定です。毎年，係が変わるのは大変だし，見通しがもてないという教師ももちろんいました。しかし，そういった教師も実際に子どもたちと一緒に仕事内容を考え創ることで，子どもたちの意欲を実感しているようで嬉しそうでした。

【2年目4～5月】体育の延長線上に運動会を据える

　いよいよ練習が始まりました。リレーについては p.156 に詳細を書きましたのでここでは割愛します。民舞は踊り方が決まっているのですが，なんとかして子どもたちが創ることを大切にしたいと考えていました。そこで，踊り方を自分たちだけで学び覚えるという流れで進めようと学年で決めました。

　子どもに伝えたのは，4人1組のグループをつくること，そのグループ内でできるようにすること，そして，見本になる動画は子どもたちのタブレットに入れたことです。さらに，いつまでに振り付けができるようになればよいか全体の計画も子どもと共有します。隊列の話や校庭練習，リハーサルといった見通しを子どもがもてることで，今の状況がわかり，今何をすればよいのか，話し合い練習する必要感がもてると考えたからです。もちろん，練習回数を増やすかどうかも常に子どもと話し合いながら進めることが前提です。

　練習が始まると，グループによって進め方に違いが生じます。あるグループはみんなで横一列になり，その前にタブレットを置いて，いきなり振り付けの練習をしていました。別のグループは2人ずつに分かれ，見本を見たあとに1人がペアの子を見てアドバイスをするという進め方でした。他のグループは，踊れるようになった子がリーダーになり，グループの子たちを教えて，どんどんリーダーを増やすという方法で進めていました。

　このように書くと，まるで何事もなくスムーズに進んだように思われるかもしれませんが内実は違います。振り付けができるようになったら，そこからは何もしない子もいますし，リーダーに言われたから仕方なくやっているという子もいます。これでは，指示を出すのが教師ではなく，ただ子どもに代わっただけです。私はとにかく悩んでいました。子どもとともに創る運動会にしたいと言い出した本人ですから，引き下がるわけにはいきません。そこで，その踊りが生まれた郷土の文化を紹介したり，ときには一方的に教え

込んだりすることもありました。しかし，こちらが焦っても一向に事態は改善されません。悩んだ末に，私は子どもたちに素直に聞いてみることにしました。「先生はみんなが自分たちで創る運動会にしたいと思っている。でも，受け身でいる人もいて，正直悩んでいる。どうすればいいと思う？　これまでの進め方はどんなふうに感じている？」すると，子どもも心を開いて語ってくれました。「もう振り付けもできたから，それでいいかなって思っている」若い頃の私だったら，腹が立っていたことでしょう。しかし，子どもの本音であることを知り，それも受け止めました。そして，「なるほど，確かに振り付けが完成したのだから満足する気持ちもわかるな。さらに素敵な動きができること自体を知らないのだから仕方がない」という考えに至りました。

　私はよく子どもたちに授業の様子を尋ねます。「今回の授業，どうだった？」と聞くと，「うん，面白かったよ」とか「いやぁ，なんか先生の答えに近づけようとしているみたいで，あまり面白くなかった」と言ってくれます。教師にとってそれはある意味で恐怖ですが，子どもの本音に正対することで，子どもたちも「あ，この先生は一方的に押し付ける先生じゃないんだな」と感じ，一緒に授業を創ろうと躍起になります。

　話を戻します。本音を聞いた私は，体育，表現領域で大切にしている「大きい／小さい」「速い／遅い」「高い／低い」などのポイントを伝えました。さらに，集団でかっこよく堂々と踊っている動画もクラスで見ました。こうすることで，さらなる高みがあることを示したかったのです。この視点も生かしつつ，アドバイスをしたり，動画を撮影して見合ったりする姿が，子どもたちに少しずつ見られるようになってきました。

　「子どもとともに創る」という言葉は美しいですが，実際は本当に悩みの連続です。そして，そこには人としての自分を常に試されているように感じます。しかし，それがまた教師自身が磨かれる瞬間でもあります。

【2年目5月】子どもの願いを形にする係活動

　話は少し戻りますが，係活動について6年生のアイデアを基に，以下のものは4月半ばまでに決めておきました。

> ・係の種類　　・担当教員　　・大まかな人数（人数は幅をもたせる）
> ・大まかな内容（詳細はその係になった子たちが決めるので，ここでは
> 　まだ大まかな内容）

　その後，6年生の希望を聞き，係の最終人数が決まりました。4月の後半，第1回目の係活動が行われました。その年，私はプログラム係でした。「え!?　プログラムって教員が作成して印刷するのではないのですか」と，思われた方もいるかもしれません。それは大人の勝手な解釈です。子どもは自分たちのオリジナルプログラムを作り，配布したいと考えていました。

　まず，私から「どんなプログラムにしたい？」と尋ねると「全校みんなの頑張っていることが伝わるようなプログラムにしたい」「見に行きたいなって感じられるプログラムにしたい」といった声が上がりました。話し合いの結果，次のようなことが決まりました。

> ・各学年の見所を担任の先生にインタビューし，それを載せる。
> ・低学年と高学年で違うプログラムにする。
> ・文字はパソコンで入力するが，絵やメッセージは手書きにする。ただ
> 　し，教師が必要だと思うもの（校長先生の言葉，日付や場所）も入れ
> 　る。

　その後，次の係活動までにどこまで進めておけばよいのか計画を立てておきます。次回までにインタビューをしておくこと，その文章量を基にレイアウトをみんなで考えることにしました。

1回目の係活動が終わると，各係の主任の先生方で集まり，どのような仕事内容が子どもから出されたのか共有します。このとき，重なっている仕事がないか，実現可能な内容になっているのか話し合います。「見所を紹介する」など，係で内容が重なっていた場合は，一度に済ませられるように，同じ時間にインタビューを設定したり，内容を共有したりします。確かに手間はかかりますし，働き方改革とは逆行しているように思いますが，こういった手間は子どもの成長に直結するものですし，本来，教師の重要な仕事です。働き方改革で削ってはいけない部分だと思っています（その分，会議の削減などは行っています。時間を削ることで質を上げることが大切です）。

　この年，子どもたちから新しく出された係は以下のものです。

・**壁新聞係**

　各学年の種目と見所をインタビューし，壁新聞にして校内に掲示する。

・**応援グッズ係**

　小さい旗を作ってみんなに振ってもらう。シールを作って配布し，全校で心が一つになることを期待する（コロナ禍だったので声が出せない，また，全校一斉に校庭には出られなかったため）。

・**撮影係**

　練習や本番の様子を動画に撮り，それを給食時間に流す（練習風景は各担任にお願いして動画を撮影してもらう）。

　さて，プログラム係の子たちですが，自分たちのオリジナルプログラムを作るのですから真剣です。インタビューに行ったり，プログラムに入れるイラストを描いたり，校長先生に原稿依頼に行ったりと大忙しです。もちろん，なかには意識が低く，忘れていた子もいます。それも知っていましたが，あえて私は次回の係活動まで黙っていました。係活動の直前になって慌てて仕事を行っていましたが，そうやって失敗することも大切な学びです。

　紆余曲折しながらもなんとか世界にたった1つのオリジナルプログラムを

完成させました。あまりに嬉しかったのでしょう。「配布も自分たちでやっておきます」と言っていました。

　こうして子どもとともに運動会を創りました。3年目になると先生方も見通しをもって準備に取りかかれるようになりました。もちろん，まだまだ改良の余地はありますが，新しい伝統として根付き始めました。新しい試みには失敗はつきものです。いくら綿密な計画を立て，勇気を出して取り組んだとしても上手くいかないことは必ずあります。しかし，そういうときこそ教師としての成長が試されている瞬間です。上手くいかないからといって挑戦を諦めるのか，苦しいけれども課題と向き合い次の一手を打つのか，教師という仕事の醍醐味は後者にあると思っています。

　本章の最後に子どもが主役になることについて，次のような嬉しいことがあったので紹介して終わりたいと思います。
　6年生（年度は違います）でマット運動を運動会で行ったときのことです。シンクロマットというグループで技を合わせる演技を行いました。もちろん子どもが計画し，話し合い練習を進めました。そして，運動会も無事に終わった数日後のことです。ある男の子の保護者に電話をしたところ次のようなお言葉をいただきました。「うちの子は本番の演技中，何か友達に話しかけているんです。本番なのになんでおしゃべりしているんだろうと思い，帰ってきた本人に聞いてみたんです。すると，『本番，ちょっと技のタイミングがずれたんだよ。だから，もう少しゆっくり技を出そうってみんなで話していたんだ』と言っていました。私はびっくりしました。本番，多くの観客が見ている前でも互いに声をかけ合い，最後の最後まで自分たちで演技を創ろうとしていたんです。運動会とはおしゃべりしないで演技するのが当たり前と思っていたのに，そうではありませんでした。いえ，むしろそうやって真剣に話し合う瞬間を見ることができて本当に嬉しかったし感動しました」
　教師が成長した分だけ，子どもも成長します。

おわりに

　私はこれまで他県も含めて数多くの実践を拝見し，さらに私自身も実践を積み重ねる中で見えてきたことがあります。それは，子どもを信じ任せた方が子どもの学力も結果的に高まるということです。子どもの目が輝き，見違えるほどの成長が見られたと嬉しそうに語る教師も多く存在します。

　しかし，まだまだ「あの先生だからできるんだよね」と言われてしまうこともあります。そうなると，子ども主体の学びは「センス」とか「感覚的なもの」と捉えられてしまいます。こうした話の原因は，子どもに任せたときの不確実性にあります。「AすればBになる」といった見通しがもてる確実性の方が責任を果たしたという気になるのでしょう。しかし，子どもに任せるリスクを恐れ，教師が全てを教えてしまったのでは，かえってその子の成長を制限する危険性があります。そうではなく，この不確実性を喜んで引き受け，乗り越えようとする教師の姿こそが子ども主体の根底にある「教師の主体性」です。

　このように考えると，これからの教師に求められている資質・能力のうち，最も大きなものは「柔軟に対応する力」だと思っています。多様な子どもが在籍する教室の中で，子どもの文脈を尊重しながら学びを進めるとき，教師の思い描いていたイメージとは違う話になることが多くあります。しかし，そのようなときにこそ教師の押し付けではなく，その子はどうしたいのかを受け入れ，学びが成立する環境を整える柔軟な対応が必要になります。

　こうなると，これからの教師の学び方も変わってきます。単に手立てがどうだったかではなく，その授業者が何を考え，どうしてそのような言動に出たのかを知る。授業中に起こる子どもと教師の考え方（感じ方）のズレをどのように把握し，解釈したのかを知る。こういった教師行動の本質を学ぶことが，これからの教師の学びになると感じます。ページ数の関係で書けませ

んでしたが，体育の研究授業を参観するときも，このような視点で見られるとよいかと思います。その上で，ご自身の実践を通して学ぶことしか，教師としての成長はないのです。本書はそういった意味で体育の本でありますが，教育の柔軟性，対応力を鍛える本でもあると自負しています。

　今の子どもたちが将来，大人になり教師になったとき，その子はきっと今受けている授業をイメージしながら授業づくりを行うことでしょう。そのように考えると，今，子ども主体の授業，子どもが学びを進める授業に変えていかないと，20年後，30年後の現場も現代と全く変わらない授業風景になり，同じ問題が生じていることでしょう。未来を変えるためには今を変えるしかありません。その点で，今を全力で変えようと努力されている先生方の功績は非常に尊いのです。

　現代の教育現場は子どもも教師も，そして保護者も生きづらさを感じているように思えてなりません。それらを誰かのせい，システムのせいにし，不満を言うだけであれば誰にでもできます。しかし，それでは何も変わりませんし，学校が変わらなければ日本の教育は変わりません。

　だからこそ，私は筆を執りました。本書をきっかけに教師の意識が変わり，子どもが変わり，学校が変わることを強く願い，本気で書きました。そして，子どもが自らの力で学びを進めることが実現され，それによって多くの子どもたちや教師が教育の素晴らしさや魅力を感じてくれることを期待しています。

　本書をきっかけに，全国各地で多くの挑戦が生まれ，それらがつながり，一人でも多くの子ども，教師が笑顔になることを心より願っております。

2024年6月

齊藤　慎一

参考文献

・齊藤慎一『子どもの事実に向き合う』2022，東洋館出版社

・平野朝久『はじめに子どもありき』2017，東洋館出版社

・平野朝久「オープン教育の立場に立つカリキュラム編成の基礎　教師と学習者によるカリキュラムの作成」『東京学芸大学紀要　第一部門　教育科学第39集』1988

・文部科学省『小学校学習指導要領（平成29年告示）解説　体育編』2018，東洋館出版社，p.3

・石井英真・河田祥司『GIGA スクールのなかで教室の本質を問う』2022，日本標準，p.74

・齊藤慎一「ボールゲームで一人一台端末。どう使う？何ができる？」『体育科教育』2022.9，大修館書店

・鬼澤陽子「学習カード　バスケットボール　チームカード」公益財団法人日本バスケットボール協会編『小学校体育・全学年対応　ゴール型ゲーム〈バスケットボール〉の授業プラン』2022，大修館書店，p.154

・齊藤慎一「『わかってできる』に友達はなぜ必要か」『2019年春号　たのしい体育・スポーツ』学校体育研究同志会

・齊藤慎一「関わり合いは『わかる』『できる』にどのように有効なのか」『体育授業研究第22巻』2019

・金子一秀『スポーツ運動学入門』2015，明和出版，pp.101-102

・学校体育研究同志会『新学校体育叢書　器械運動の授業』2015，創文企画，p.19

・古城建一「スポーツ競争とその指導」『九州体育学研究第9巻第1号』1995

・高橋健夫・岡出美則・友添秀則・岩田靖『新版　体育科教育学入門』2010，大修館書店，p.97

・吉澤潤「3年生の走りを変えたい―ぐねぐね走―」『2016年秋号　たのしい体育・スポーツ』学校体育研究同志会

・高橋健夫『体育授業を観察評価する―授業改善のためのオーセンティック・アセスメント』2003，明和出版
・ミハイ・チクセントミハイ「フロー」
・藤田恵子「第6章　子どもと共に創る授業をめざして」平野朝久編『「はじめに子どもありき」の理念と実践』2022，東洋館出版社，p.234
・齊藤慎一「子どもは競争をどのように見ているのか」『体育科教育』2021.10，大修館書店
・齊藤慎一「第4章　『自ら伸びようとする力』によって教科をつなぐ」平野朝久編『「はじめに子どもありき」の理念と実践』2022，東洋館出版社
・齊藤慎一「スポーツの本質を民族フットボール教材で探究する」『体育授業研究第21巻』2018
・齊藤慎一「『特性論2.0』を生かしたネット型『落っことしゲーム』」『体育科教育』2019.10，大修館書店
・日名大悟「だれでもできる，じゃまじゃまサッカー」『2017年7・8月合併号　たのしい体育・スポーツ』学校体育研究同志会

【著者紹介】
齊藤　慎一（さいとう　しんいち）
東京都公立小学校副校長　1980年生まれ
山梨県出身　東京学芸大学教職大学院修了
体育授業研究会会員　日本学校教育学会会員
著書『子どもの事実に向き合う』（東洋館出版社）共著『「はじめに子どもありき」の理念と実践』（東洋館出版社）『小学校低学年　体育の授業（新みんなが輝く体育1）』（創文企画）など
専門は体育授業研究，教育方法学

〔漫画〕庄司理瀬

体育科授業サポートBOOKS
子どもに任せる体育授業

2024年7月初版第1刷刊　©著　者　齊　藤　慎　一
　　　　　　　　　　　発行者　藤　原　光　政
　　　　　　　　　　　発行所　明治図書出版株式会社
　　　　　　　　　　　　　　　http://www.meijitosho.co.jp
　　　　　　　　　　（企画）茅野　現（校正）中野真実
　　　　　　　　　　〒114-0023　東京都北区滝野川7-46-1
　　　　　　　　　　振替00160-5-151318　電話03(5907)6702
　　　　　　　　　　　　　　　ご注文窓口　電話03(5907)6668
＊検印省略　　　　　　組版所　藤　原　印　刷　株　式　会　社
本書の無断コピーは，著作権・出版権にふれます。ご注意ください。
Printed in Japan　　　　　　　ISBN978-4-18-362972-2

もれなくクーポンがもらえる！読者アンケートはこちらから